インスピレーションは波間から

自然の教えを知る、シーカヤック地球紀行

平田　毅

目次

序章

野生の呼び声

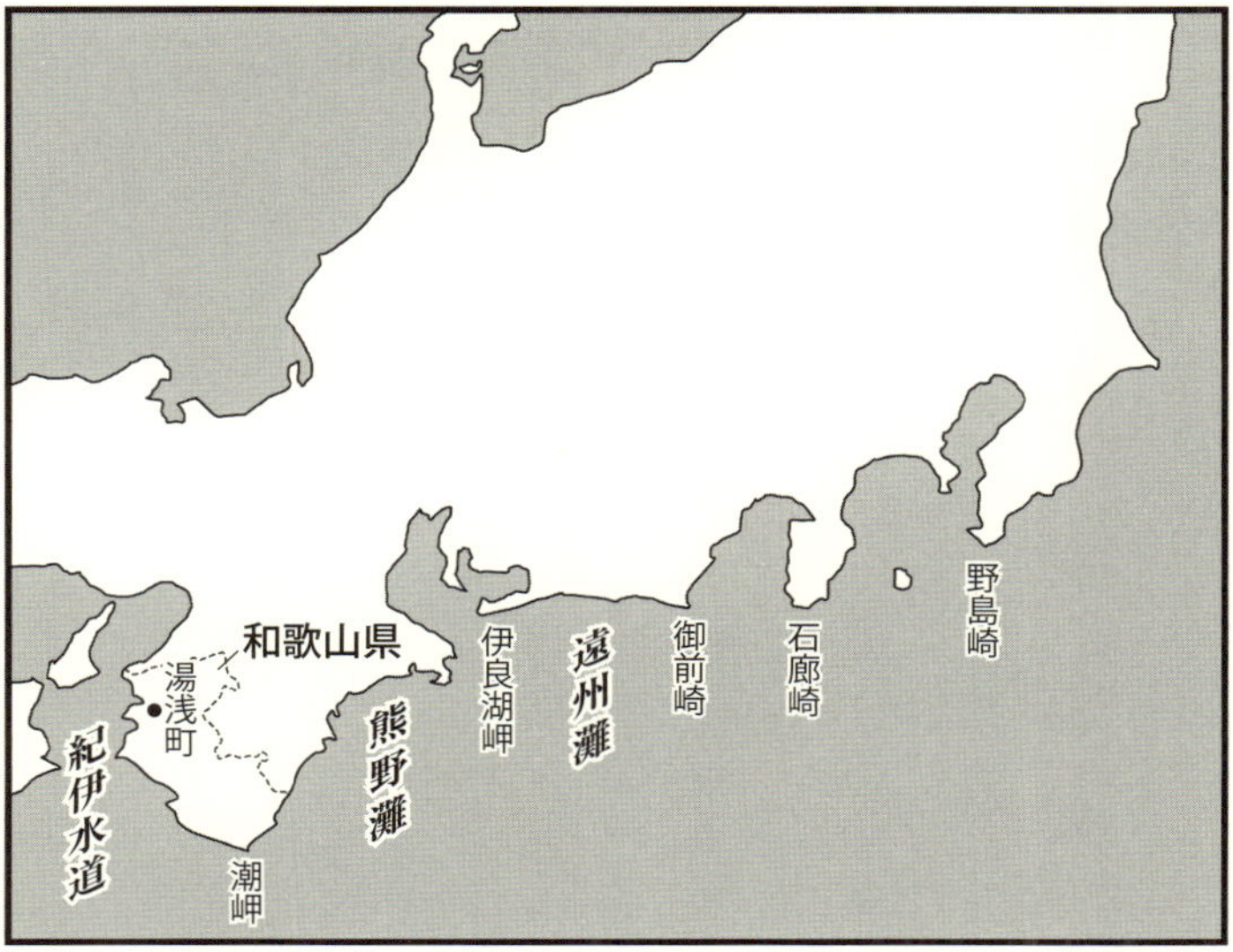

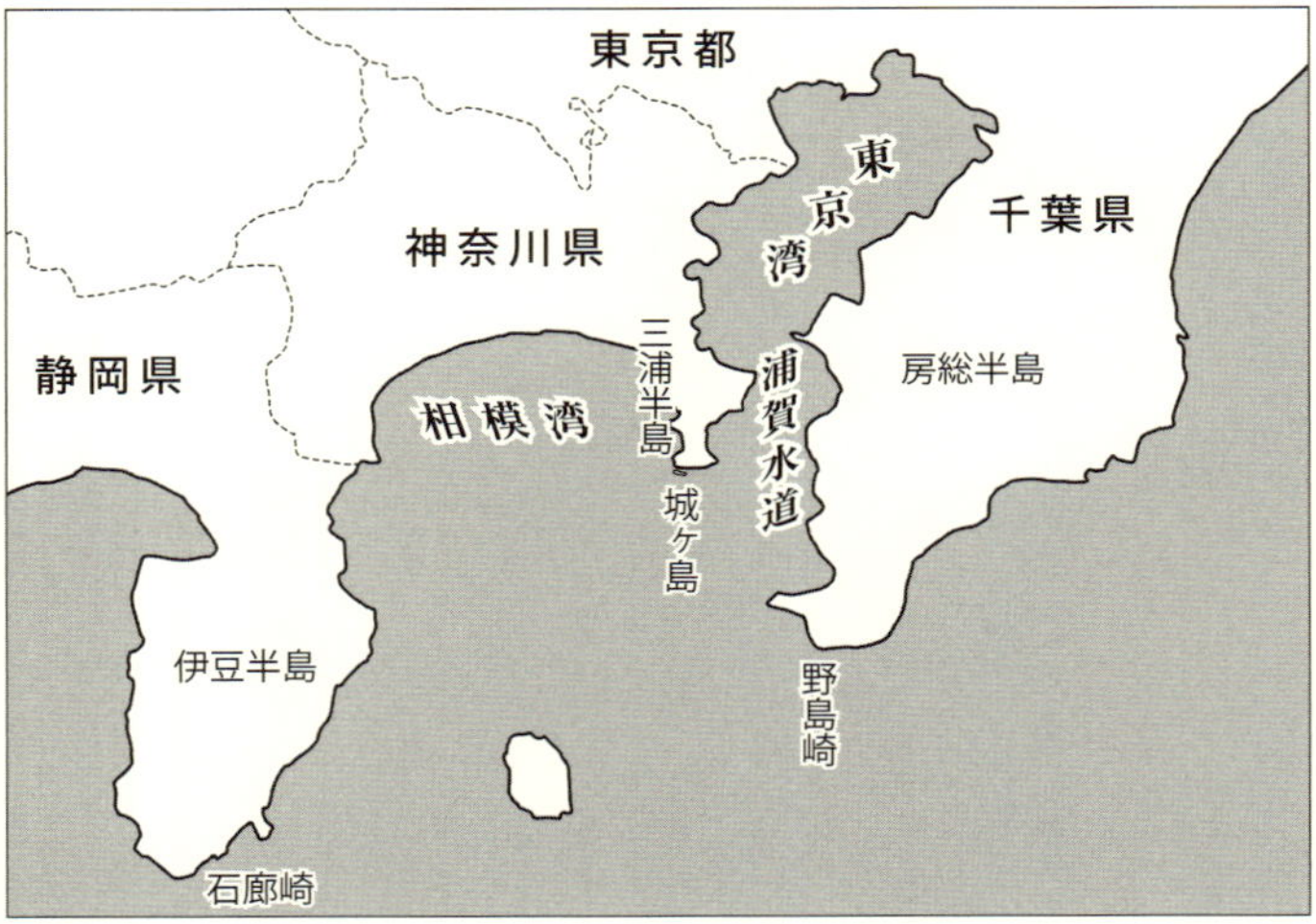
東京都
神奈川県
静岡県
東京湾
千葉県
房総半島
三浦半島
相模湾
浦賀水道
城ヶ島
伊豆半島
野島崎
石廊崎

生態系の一部、海洋生物の一員

「高速道路を匍匐《ほふく》前進で渡るようなもんだぜ」

そう言った知人の言葉が頭から離れなかった。

日本一周のシーカヤック旅を始めて間もない頃、途中骨休めのために一〇日ほど三浦半島や東京でのんびり過ごし、ぼくはこれから先のことを思案していた。どん底を極めていた体調はかなり回復しつつあったが、やはり決めかねていた。せっかくここまで来たのだから止めるのはもったいないという思いと、これ以上旅を続けると本当に死ぬかも知れないという恐怖心が、葛藤していたのだった。

そんなときに知人はぼくを脅す。

「もし旅を続けるならば、まずは東京湾口を横断することになる。一日に五〇〇〇隻以上もの船が往来する、交通過密地帯だ。そんなところを木の葉のようなシーカヤックなんぞで渡ろうものなら、あっと言う間に他船に轢かれて死んでしまうだろう。小さすぎて向こうのレーダーにも映らない。まるで高速道路を匍匐前進で渡るような愚行だ」

彼は笑っているのか怒っているのか、本気なのか冗談なのかよく分からない不思議な表情で、追い打ちのようにこう言った。

「今生の別れかも知れないな」

今ならばただ彼があまり海を知らないだけか、冗談めかしたブラックな脅しにすぎないと笑うことができるが、ぼく自身にも全くノウハウのなかった当時、眠れぬ夜を過ごした。人生でも最も不安を覚えた数日間だったと言えるかも知れない。なぜなら、高速道路を匍匐前進で渡るという馬鹿の極みのような真似を、これまでしたことがなかったからだ。

悩みに悩んだ末、行くことにした。

東京湾・浦賀水道を渡るのだ。かなり回復してきている体調が決め手だった。身体の自由さえ利けば、あとは凪《なぎ》でありさえすれば、何とかなるだろう。

日の出一時間近く前、海景全体がぼやける中、三浦半島西海岸から出艇した。波の音と潮の香を頼りに進む。闇の向こうから夢の中の幻のように次々と浮かび上がる岩礁や、弓なりの浜や港や町並は、日の出が近づくにつれ、徐々にはっきりした輪郭を帯び始める。

あっと言うまに三浦半島最先端の城ヶ島までやって来た。海は穏やかだった。微量の片栗粉でも混入したようにとろりとした質感の海水が、港や入江やテトラの奥の奥にまで満ち込み、そして見渡す限り水平線の果てまで続く。満を持して待ち望んだ、これ以上ないコンディションだった。景気づけにと海水に手を浸してかき混ぜてみる。はじめヒンヤリするように感じたが、すぐになじんで指の間を水流が心地よく行き来する。舐めてみた。食感までとろりとしていて、それが穏やかさの徴《しるし》として感じられるのか、塩味が心を引き締めるのか、不思議に「行けそうだ」という気持ちになった。さあ、ここから房総半島の先端まで渡る。だが、よしと覚悟を決めて渡り始めるや否や、海上保安庁の巡視艇がやって来た。

万事休す。危ないから止めろと言われるに違いない。ここで旅は終了か。本気でそう思った。

だが、彼らは思いがけないことを言った。デッキの手すり越しに身を乗り出し、両手をメガホンのように口元に当てた一人の乗組員の男が、こう叫ぶ。

「頑張ってください。ちょっとモヤがかかってて視界が悪いから気をつけてくださいね」

ぼくは拍子抜けした。

それでもどきどきしながら進む。対岸にかすむ小高い岬のてっぺんから太陽が顔を出した。海面近くを漂うモヤに陽光が乱反射して虹のように色調を変える中を、美しさに気を取られて逆光に視界を奪われることのないよう細心の注意を払いながら、ぼくは進んだ。


結論から先に言うと、全く、何てことはなかった。

ものの一時間くらいで東京湾・浦賀水道を渡り切ってしまった。

「やったぜ、ざまあみろ」

確かに大型船の往来はあったが、それは何キロも先の水平線から確認できるものだった。向こうの航行軌道をじっくり見ながら自分の進路を取ればいいだけの話だった。

彼に一杯食わされたのか、それとも……。

実際のところ海とは、絶対的に危険な場所も、絶対的に安全な場所もそうそうはなく、状況によって、思いのほか安全なときもあれば、極めて危険なときもある。いわば千変万化する世界だ。

他船の航行に対しても同様である。またそう考え、臨機応変に状況判断するのが、シーマンにとっての基本である。だがそのとき、ぼくは海に対して無知だった。そしてそれ以上に、知人も無知だったのだ。彼が終始浮かべていた掴みどころのない不思議な表情も、彼自身よく分かっていない心の現れに違いなかった。そして彼は間違っていた。一日五〇〇〇隻の航行量と言っていたが、正しくは五〇〇隻だった。

何はともあれ、無事渡り切ったのだった。和歌山から出発してここまで生きて漕いで来られたのだ。野島崎先端付近の海上でパドリングの手を止め、喜びを爆発させていた。達成感と言うよりも解放感からだった。恐怖心という前日までの重圧からの解放。そして長らく続いていた体調的、精神的不調からもすっかり解放されていることに気づいたのだった。嬉しくて何度も雄叫びを上げた。

旅に出て一か月が過ぎ、心身ともに海に順応し始めているのかも知れない。

空に向かってガッツポーズを繰り返していると、ふと、カヤックの尻の下を数百匹のハマチの群れが、青い弾丸ライナーのような勢いで通り過ぎていった。背の青は、スーパーで見るものとも、釣り上げたものともまるで違う、野生特有の力強い光沢と神秘性をたたえていた。魚の色と言うより、色そのものに生命が宿っているようだった。その青が海の青を切り裂いて走り流れることによって俄然、海全体が生き生き脈打ち始めるように思えた。海面という皮膚の下を流れる青い血潮が、ドクンドクンと力強く流動し始めたかのように思えたのだ。間髪を入れずにイルカの群れが猛スピードで背後から接近してきた。ハマチを追いかけているのだった。

やがて十数頭のイルカがぼくの周りでジャンプし始めた。ハマチを追いながらもぼくに好奇心を示し、わざと驚かそうとしているのは明らかだった。彼らはカヤックと一体化したぼくを、上半身が人間で下半身が巨大魚のような、へんてこな海洋生物だと思っているのだろう。わざと物凄い勢いで突進してきて、ぶつかる寸前にジャンプしてよけた。危ないなと思いつつ、ぼくは初めて彼らと同じ海の生き物として認められた気がした。爆発的な音を立てて海面を叩くその炸裂はこの世のものとは思えないほどエネルギッシュで、身体の芯から放射され水滴となって外に飛び散るような、生命感に溢れていた。逆光の中、イルカに跳ね上げられた水滴がきらきら光る。それはまるでぼくを祝福し、微笑んでいるかのようなきらめきだった。

ぼくが勝手にそう思っているだけかも知れない。一時のいたずら心を発揮したのみ、あとは無視してクールに過ぎ去っていくイルカたち。彼らに「祝福」などという擬人化した感情は一切介在しないのかも知れない。だが、仮にそうだとしても、イルカたちの生命のビートとぼくの喜ぶハートの鼓動とが、シンクロする瞬間、そこには新たなる発見があった。

それは「属性」に関する発見だった。自分とは現代社会に属する人間であると同時に、野生世界にも属している動物だという、濃厚な手応え。彼らと同じ海という土俵で、脈打つ心臓に直接触れるように生々しく、生と死に対峙している。そこでの強い生の実感。人間として、動物としての、純粋な喜びの中、ここでようやく海洋生物の一員になれた気がしたのだった。そして初めて、太古から連綿と受け継がれてきたシーカヤックの真髄に、肉薄したと思えたのだった。「自分もまた生態系の一員であり、ハマチやイルカや鳥やイワシやプランクトンやバクテリアたちとも等価の、全く同じ生命なのだ」と。そこには細胞一つ一つが沸き立ち、吹きこぼれるような感動があった。裏返すと、それほどの恐怖と重圧があったとも言える。

偶然の出会いが、必然となった瞬間。

このとき思った。いわば拒絶の果ての受容、これぞ本物の「自然との一体感」なのだと。

ぼくはこのときの旅を皮切りに、これまでさまざまな海を旅してきた。

日本列島各地をはじめ、スリランカ、インドネシア、ヴェトナム、インド、アンダマン諸島、フィジー諸島、メコンデルタ、タンザニア・ザンジバル島、タイ、パラオ、アラビア半島オマーン、ミャンマー、ホルムズ海峡、ニュージーランド、タスマニアなどなど。

地球は広大で、人の一生は短い。世界中すべての海を旅することは到底不可能だが、これからもできる限り海旅を続けてゆくことになるだろう。

そして、海旅を始めたばかりの頃の、この経験。東京湾・浦賀水道を渡り切り、イルカたちに取り囲まれたこのひととき。それは決定的な原風景として光を放ってぼくを導き、また、ふとしたときに立ち上がる通奏低音として、いつまでも心の奥底で脈打つのだろう。

これまでもそうだったし、これからも。

世界の本質を射貫くまでに

ぼくが海を旅する道具は、シーカヤック。
なぜそれを選ぶのか。
その理由は、より深く、とことん海を感じたいからだ。

海のエッセンスを心身の中枢に染み込ませるかのように。
己の内側を海のブルーで塗りたくるように。
そして、海を通して得た洞察力をもって、世界の本質を射貫くまでに。
海こそ、人と自然を、人と世界を、人と地球を結ぶ、最良の媒介だ。

より深く、海を感じること。もっと深く、海と交わってみること。
それには世界最小の舟、シーカヤックが最も適している。
それは一体どんな舟なのか。
その特性にこそ、秘密が隠されている。

ではそれはどんな特性を持つのか、その説明に入る前にまず、必ず聞かれる「カヌーとカヤックとはどう違うのか」という問いを明らかにしておきたい。

五分割カヤック

フォールディング（折りたたみ）カヤック

実は定義はかなり曖昧で、カヤックもカヌーだと言って、まず差し支えない。

太古から存在する、人力で移動する小舟のことを総称して人は「カヌー」と呼ぶ。その意味で、カヤックもカヌーである。つまり、カヤックはカヌーという大きな傘の下に属していて「すべてのカヤックはカヌーだ」と言うこともできる。一方「すべてのカヌーはカヤックだ」と言うことはできない。やはりカヤックと分別されるべき特徴があるのだ。

いわゆるクローズドデッキで、人間が乗り込むコクピット（座席部分）だけがオープンになっている、乗り込むと同時にそこにカバーを掛けることによって水密式となる、そしてダブルパドル、つまり左右両側の櫂《かい》で推進力を得る、そんなタイプのカヌーが、カヤックだ。

一方カヤック以外のカヌーの中には、双胴型で全長一〇～三〇メートルほどもある、帆走式の外洋長距離航海用のものもある。たとえばポリネシア、ミクロネシア、メラネシアなど太平洋諸島の人々は古来、それに乗って何百キロ、何千キロも離れた島々に渡り、移住や交易活動を繰り広げたのだった。それと比べるとカヤックは、水辺や沿岸航行用である。

中でも、海をゆくタイプのものを「シーカヤック」と呼ぶ。

標準的な長さは約四～五メートル、幅は五〇～六〇センチほど。二人で乗るタンデム艇もあるが、基本は一人で乗るようにできている。面白いのは前後に水密式の荷室があって、そこにテント、シュラフ、調理用品、食料品など、合計五〇キロ以上の荷物を積み込むことができるところだ。それにより数日間の沿岸キャンプツーリングはもちろん、何か月にも渡る海旅が可能となる。

その気になれば、一生、海旅生活のまま過ごすこともできるだろう。

一本もののシーカヤックは車のルーフキャリアに乗せて運搬できるし、フォールディング（折りたたみ式）や分割式ならば飛行機、バス、電車など公共交通機関で持ち運び可能だ。

つまり世界中の水域が、旅のフィールドと化すのである。


陸上で見ると意外に大きく見えるが、海に浮かべると、ひどくちっぽけな舟。

大海と比べると、木の葉どころか、プランクトンのような存在。

だが、どんなにちっぽけでも自分の意志をもって、目的地へと渡ってゆける道具。


カヤックには通常「乗る」と言うが、実のところ「履《は》く」と言ったほうが正しい。艇に入り込んだときのフィット感が大切なのだ。ぼくたちが「靴に乗る」「パンツに乗る」とは言わない理由は、どちらも身体にフィットさせ、手足の一部として使役させるものだからだが、シーカヤックもそれと同じである。履くタイプのカヌーが、カヤックなのだ。

下半身に履き、身体にフィットさせることによって、シーカヤックは船首から船尾まで血管や神経が通ったように変化する。熟練すると、身体の一部として、数センチ単位で船体を操れるようになる。身一つで風を読み、潮を感じ、波と踊り、海を渡ってゆく。まるで別種の生き物として生まれ変わったように。

そうして、きちんとフィットしたシーカヤックは、一つの海洋生物となるのだった。

それは、シーカヤックのルーツに根ざした特性なのかも知れない。

もともと、五〇〇〇年から一万年ほど前の太古の時代、グリーンランド、アリューシャン列島、アラスカ、シベリア北東部などの極北のモンゴロイド系先住民が、狩りや釣り、移動の手段として使用した小舟がルーツだった。現在のシーカヤックはプラスティック系の人工素材でできているが、当時のそれは流木や海洋生物の骨などを肋骨状に組み上げ、そこになめしたアザラシの皮をパッチワークした船体布で覆うという、天然素材のものだった。素材は違えどその形状は現在のものも変わっていない。改良の余地のないほど、流体力学的にも完成された乗り物だったのだ。だが太古のカヤックはもっと身体に近く、カヤックを覆うスキンまでもが自身の皮膚と化した。骨格、体型、体表面にいたるまで、まさにすべてが海仕様の身体となったのだ。それゆえ、ピリピリくる微細な潮の動き、波のたわみまで、一切の自然現象を生物レベルで感じ取ることができたのだった。

一八世紀イギリスの探検家、ジェームズ・クックが北極圏を訪れカヤックに乗る人々を見たとき、心臓が止まるかと思うほど驚いたと言う。ここには上半身が人間で下半身がイルカのような新種の生物が生息しているのか、と。それほどさまになっていたということだ。

人間のまま海洋生物に変身し、生態系に溶け込む術。

どうしてそんなものを生み出したのか。

生活上の必要性から、あり合わせのもので作ったと言ってしまえばそれまでだが、実利目的だけではなく、遊び心や飽くなき探究心の結実でもあった。

ずばりシンプルに、彼らは、海洋哺乳類になりたかったのだ。

何十年、何百年、何千年、何万年と海を見続けてきた彼らは、イルカやクジラ、アザラシやセイウチやオットセイといった連中が自由に泳ぐ姿を見て、自らも彼らのようになりたいという願望を持っていた。そうしていつの日か、彼らの骨や皮を拝借することを思いつき、晴れてその仲間入りを果たしたのだった。

見てきたわけでもないのになぜそう断言できるのか。それは自分自身の長年の実体験に基づいた見解だからである。そして彼らが次のような価値観を持っていたのも、理由の一つである。「人間も自然の一部、生態系の一員であり、鳥もイルカも森の木々もクマも魚もプランクトンもバクテリアも、すべては分け隔てなく等しい生命である」

学術用語ではその考え方を「トーテミズム」と言うが、シーカヤックというカヌーには、そんな太古の自然観や世界観に繋がる本質が、内包されている。

年月を経て、たくさん経験を重ねるほど、そのことが実感できるのだった。

環境の世紀、自然の時代

では、ぼくがどういうきっかけでシーカヤックを始め、旅するようになったのか。

それは一九九〇年代後半、二十一世紀を目前にした頃のことだった。ぼくは魚釣りの雑誌や情報紙を刊行する出版社の編集部で働いていた。また趣味としての山登りやキャンプなどを通して、自然に触れることの多い日常を送っていた。ぼくは以前から「二十一世紀は環境の世紀、自然との共生を何より尊ぶ時代になるだろう」と思っていた。来たる新世紀を前にした当時、そういう言説が未来論としてよくメディアで取り沙汰されていたが、本を読んだり旅したり人と話したり、世の中を見渡し自分なりにいろいろ考える中で、深く共感していたのだ。いやそれ以前に、この地球上で加速度的に人口が増え続ける中で、これまでどおり大量生産・大量消費・大量廃棄を続けていくとどうなるか、考えなくとも分かると、小学生の頃から思っていた。だから二十一世紀には二十世紀の反省を踏まえ、「環境」「自然との共生」をキーワードとした新しい発想や技術や生き方が生まれ、これまでとは違った社会変革が次々と展開される、面白い時代になっていくに違いない。そんな文脈から、自然に関連する仕事で飯を食っていきたいと考えていたので、ちょうどよいライフスタイルだった。

だが何かが違うとも感じていた。

仕事は面白かったが、日本の沿岸全体で年々魚が減少している状況を知りながら「ここでたくさん釣れます」「こうすればもっと釣れます」という情報を世間に流すのは、果たして自分が本当にやりたいことなのか、と。そもそも、この仕事をすることによってプロの釣り師になれるわけではないし、なりたい願望もない。釣りの世界にそこまでの情熱が湧き上がらなかったのである。それより、そろそろ本腰を入れて取り組むことができるような何かを見つけるべきではなかろうか、そうしないとこのままズルズルといってしまうのではないか、とも悩んでいた。

自分の持てる力を最大限発揮できる対象を見つけないと、若いうちはいいが、いずれ年とともに腐ってしまいそうな予感がしたのである。だが、なかなか見つからなくて、焦っていた。そんな時にシーカヤックに出会ったのだった。

それは、本屋で何気なく立ち読みしていたアウトドア雑誌の中で紹介されていた。即座にピンときた。仕事上、取材であちこちの海に足を運び、釣り船に同乗する中で、日本の海岸線には誰も来ない穴場のような場所がたくさんあることを、見て知っていた。無人島に渡ったり、洞窟を潜ったり、陸路のない浜でキャンプしたり、岩礁で素潜りしたりするとさぞかし楽しいだろうと、何気なく思いながら見ていたのだ。だけどそこにアプローチする手段までは思い浮かばなかった。ヨット、プレジャーボート、クルーザーはちょっと方向性が違う。だが、シーカヤックならば最適だ。釣りよりも、もっと大きな枠組みでアウトドアや自然を捉えることができる遊び。そういう意味で即座にピンときたのだった。

しかし同時に、こんなに細くて小さな舟で海を渡ってゆけるはずがない、ちょっとの波でひっくり返って簡単に死んでしまうに違いない、と疑いの念も拭えなかった。

カヤックとは、川のものだろう、と。

だがその雑誌には、オーストラリア大陸を一周した人の話や、カリフォルニアからハワイまで漕ぎ渡った人の話まで載っていた。もしそんなことが可能ならば、日本の海岸線を数日漕いで楽しむくらい、実にわけないことに違いない。

「やってみる価値がありそうだ」

……と、ここまでが人に説明するときのストーリーである。しかし実際は、そう簡単には説明しきれない、下手に口にすると安っぽくなる、もっと内的な動機があった。それは感覚的であり、精神的なもので、ぼくの育ちにも由来している。格好よく表現するならば、「野生の呼び声」に誘われて、とでも言おうか。

ぼくは兵庫県の明石市で生まれたが、幼い頃に尼崎に引っ越し、さらに小学校に入る前に奈良にやって来た。当時の尼崎は公害がひどく姉が喘息になったので、空気のよい土地にと親が奈良を選択したのだった。確かに自然が豊かだった。時は高度成長期、小川や用水路がコンクリートで埋められてゆく渦中にあったが、それでも尼崎と比べると遙かに自然に恵まれていた（下水道の不備により川は恐ろしく汚かったが）。ここで自然との相性のよさを知った。虫採りに釣りにと、野山を駆け回る子供時代を過ごした。

高校から二〇代前半にかけて、今度は奈良のありとあらゆる神社仏閣を巡った。別段、その方面の興味があったわけではないが、最も金のかからない遊びであり、行けば行くほど歴史的な意味や繋がりが分かり、面白かったのである。そこで一つ分かったことは、日本の神道も仏教も「自然」に根ざしたものであるということだった。神道の神々は全て自然から生まれたものであり、外来の仏教も日本特有の自然風土で、在来の神々と習合することによって根付いたものだ。その事実が、奈良の神社仏閣を巡ることによって、理屈としても、実感としても、よく分かったのである。

「山々の放つ霊気や、自然の持つ野生性が、神性でもあり仏性でもある」

特に山間の神社仏閣を巡るたびに、花鳥風月・山川草木が放つ野生性こそが、時空を越えて日本文化を貫く「主」であると考えるようになった。同時にそれは縄文や旧石器時代から連綿と繋がる始原的センスなのだと思うようになった。やがてそんな直観と好奇心に引っ張られるように、吉野や熊野といった、より縄文文化の色濃く残る自然場所を歩き回るようになった。

重厚な美しさを誇る海、山、川の世界だ。そこで聞こえた、身もだえするような、

「野生の呼び声」

シーカヤックの存在を知ったのはそんな頃だった。音楽に喩えて言うなら、ロックの起源を辿ればブルースに出会い、さらにブルースの起源を辿ればアフリカに行き着くというように、ぼくは神社仏閣を巡るうちに野生の呼び声に誘われ、海に行き着いたのだった。

海こそ、この世で最も野生性の色濃い空間である。

「やってみる価値がありそうだ」

そうしてすぐにシーカヤックを購入したのだった。今と違って身近にスクールやツアーをやっている業者もほとんどなかったので、やる=買う、という選択肢しかない時代だったのだ。誰にも教わらずに一人で海に出た。

そのときの感覚は今でも忘れることはできない。

とても、怖かったのである。

ふだん、陸を歩いているときには全く意識しないちょっとした風が、ひどく生々しく感じられ

た。風の微妙な強弱やサジ加減一つで、運命が左右される。次の瞬間、より強い風が吹いてきたならば、またたく間にひっくり返されることは目に見えている。人間とは、自然の手の中に乗せられていて、いつクシャっと潰されても不思議ではない、実にはかない存在。

そう思っていると、風はまるで意思を持った何者か、喩えて言うなら妖精の吐息のように感じられたのだった（のちのちこの感覚が幾度となく命を救ってくれることになる）。

それは、怖いと同時に、味わい深いものだった。自然の鼓動がよりはっきりと感じられるところに、怖さとともに深い魅力を覚えた。

そうして何度か海に出るうち、きちんと勉強する必要性にかられた。海では誰も助けてくれる者はいないのだ。もともと誰にも教わらず独学でやるつもりだった。アメリカから教則ビデオを取り寄せてパドリングスキルを練習し、海の気象を読む洞察力を身につけるために、気象予報士資格取得用の勉強までした。

海に出るたびに、風や波や潮の流れの一つ一つが、まるで生きた存在のように感じられた。漕いでいる最中、それらが一つにまとまってより大きな脈を打ち始めるひとときが、しばしば訪れた。それは即座に「ガイア理論」を連想させた。当時よく取り沙汰された、イギリスの地球環境学者ジェームズ・ラブロックが提唱した世界観。

「地球そのものが一つの大きな生命体、母なるガイアである。自然界のすべてのものは有機的に関連し、その生命体を支え合っている。風はガイアの呼吸、波はガイアの脈拍、潮はガイアの血流……。森羅万象の生み出す一見バラバラな小さいリズムが集まって、一つの壮大なシンフォニーを奏で上げるのである」

そんな美しい世界観が、海では、そのまま展開されていた。

また、海に出るにつれ、音楽的な感性が高まっていくのが感じられた。丸一日、何時間も海に揺られていると、海から上がってもしばらくは全身の揺らめく感覚が残る。そこで聴く音楽はひときわ心に沁みた。ロック、ジャズ、レゲエ、ブルース、ワールドミュージック、テクノ。海の波うねりも音楽のリズムやビートも、同じ波形運動の産物だ。ぼくは子供の頃から無類の音楽好きだったが、心身の奥深くに刻み込むように長年聴き込んできた音楽のビート、リズム、グルーヴ。それらと波うねりを捉える身体感覚とが、しばしシンクロする瞬間が訪れた。それは「これほど豊かな時間は世の中にそうそうない」と思える至福のひとときだった。

ぼくの内部で何かが活性化し始めていた。「もっと海や自然を知らなければ危ない」という事実は「生身で海や自然を知ることができて面白い」という興味に変わっていった。もっと多種多様な音楽を浴びるように聴きたい、海や自然に関する知識を身につけたい、海洋文化を学びたい、そしてあらゆる海の、あらゆるシチュエーションでの実経験を積み重ねたい、とにかく何かを徹底的にやってみたい、その先に何があるのか全く分からないが、自分の直観を信じてとことん追求してみたい、そんなスイッチが入ったのだった。

「二十一世紀は環境の世紀であり、自然との共生を尊ぶ、面白い時代になる」

ぼくは、シーカヤックこそが、その中心的役割を担うものになると、直観した。そうしてぼくは会社を辞め、武者修行の海旅に出ることにしたのだった。

ヴィジョン・クエストの海旅

二〇〇〇年四月、和歌山・湯浅からシーカヤック日本一周の旅をスタートさせた。太平洋岸を北上し、津軽海峡を渡って北海道を一周。その後再び津軽海峡を渡り本州日本海岸を南下。そして九州、四国の外周を巡り、スタート地点に戻る。そんな計画だ。

だが、旅の初っ端から「しまった」と後悔した。

恐怖心に囚われてしまったのである。デイトリップで凪の日だけ選んで楽しむのとはわけが違う。当たり前だが、四六時中寝ても覚めても海だ。穏やかな日もあれば嵐の日もある。あるいは、穏やかだと思いきや急変することも多々ある。だがそこでは、いついかなる時にも他者に頼ることはできない。もし自分が死んでも発見すらされない可能性が高い。文明社会からいきなり太古の時代に投げ込まれた気分だった。現代文明とは「自然の脅威から守られている」という大前提によって成り立っている。ぼくらが当たり前のように享受する便利さ快適さも、もはや意識すらしないその土台の上で、成立する。だが単独航海では、その大前提が取っ払われて、ただただ己の肉体があるのみだ。暴力的な波が襲いかかってきたからといってお巡りさんは来てくれないし、大怪我をしたからといって道のない無人の海岸線では救急車も来ることはない。人間社会ではきちんと謝罪すれば大抵のことは許されるが、荒れた海に対してごめんなさいと謝ったところで穏やかになることはない。ましてやリモコンを押したからといって治まってくれる波などない。

海上にいる間、ぼくは一体いつの時代にいるのだろうかと錯覚に陥った。完全に現代社会システムの外側の領域に身を置いている。縄文時代や旧石器時代と一体どこが違うと言うのか。だが皮肉なことにその時代の自然観に興味を持つのも自分自身だった。

シーカヤックを始めて一年ちょっとで長い単独航海をしようなんて、やはり無謀だったのか。だが覚悟を決めて旅立った手前、そう簡単に尻尾を巻くわけにはいかない。

とにかく行けるところまで行ってみようと、ヒヤヒヤしながら手探りで旅を続ける。日中漕ぎ続け、一日約四〇〜五〇キロ進む。夕暮れ前に砂浜海岸、もしくは土地の小さな港に入り、上陸。自炊し、テントを張って寝る。翌朝パッキングして再び出艇。凪の日に距離を稼ぎ、荒れ気味の日には陸上でのんびり過ごして体力を回復させる。そんな繰り返し。

ヒヤヒヤの連続だった。板子一枚下は地獄という言葉があるように、艇が裏返っただけで非常事態に陥る。転覆してもパドルと腰の回転ですぐに起き上がるエスキモーロールというテクニックがあり、もちろん練習の末マスターした上で旅に出ているが、本当にシビアな状況でできるかというと、心許ない。荒れた海で平常心を保ってふだん通り体を動かすことは極めて難しい。メンタルが直接響く乗り物だと改めて悟った。難所を越える度、今のはマグレであり、それが日本一周達成するまで続くわけがないと思うのだった。

最難所の本州最南端・潮岬《しおのみさき》を超え、熊野灘に入るとさらに緊張の連続だった。物理的な怖さに加えて精神的な怖さも一層高まるような、野生の輪郭の太さが際立つ海だった。だがその怖さは、シーカヤックを始めたときの甘美な「味わい深い怖さ」ではなく、何か海に拒絶されているような恐怖感だった。伊勢から伊良湖水道を渡り遠州灘に入ると、サーフゾーンが延々と続き、上陸できる場所が著しく制限された。赤羽根という地の鉄サビだらけの港に逃げ込み、漁師にもらったタコヤキを食っていると、急に気分が悪くなり、胃の中の全てのものを吐いた。体調まで悪くなっていたのだ。

翌朝目覚めてテントから出ると、視界が真っ白で全てのものが霞んでいた。おかしいなとまぶたを手で拭うと、白く粘ついた液体がべっとり指に絡みついた。膿状の目やにが眼球全体を覆っていたのだった。体表面のあちこちが痛い。何日も前から唇、手の甲、首回りあたりが、あかぎれのようにひりついて痛かった。

全身が、いわゆる「潮負け」現象を起こしているようだった。

悪寒がした。熱はないが節々の痛みやだるさはインフルエンザに似ていた。もうここで止めようかとも思ったが、意地だけは残っているらしかった。肝を縮こませているくせに、あともう少しだけ進んでみようという、往生際の悪さ。翌日スタミナをつけようと浜名湖まで漕ぎ、近隣の食堂でうなぎ丼をたらふく腹に流し込んだが、あまり効果はなかった。海からの拒絶感はより深まっているような気がした。それは絶望感と同義だった。シーカヤックこそ自分に向いていると直感したが、それは勝手な妄想だったのかも知れない。野生への憧憬など、ただの甘ちゃんのロマンティシズムにすぎないのではないか。そう思う時の絶望感は重いものだった。海は想いや願望だけでどうにかなるものではない、人間の脳の領域を完全に超えた世界だ、止めたほうがいいのかも知れない。

だが、止めるとなるとぼくはこれから、何をしたらいいのだろう。

ただ一つ不思議なのは、精神的にも体調的にも最悪なのに漕ぎ進められることだった。それは体軸を使って腕を動かすだけ、という極めて単純な動作であり、またそうしただけでスーッと進んでいく形状の、カヤックという物体の為せるわざなのかも知れなかった。同時にそれが命取りになるかも知れないという不安にもさいなまれた。無理でも行けるところまで行けてしまうのだ。ぼくはまるで機械のように進み、御前崎を超え、少し北上したところから伊豆半島へと海峡横断した。ここまで来て、とにかく三浦半島あたりまでは行ってみようと思ったのだった。そこからは東京にも近いし、友人、知人もいる。とにかくそこでのんびり静養できる。

ここで本書の書き出し部分へと話しは戻るのだが、三浦半島西海岸になんとか辿り着いたところで、知人は言った。

「よくここまで来たな。でもこれからはマグレは続かないと思うよ。このあとすぐ、一日五〇〇〇隻の船舶が航行する東京湾・浦賀水道もあるしな。そこをカヤックで渡るなんて高速道路を匍匐前進で渡るようなもんだ」

ぼくは強烈な不安感にかられた。


だが結局、東京湾口を、難なく渡ることができたのだった。

あっと言う間に、房総半島の最先端付近まで来た。

その時の解放感は、これまで募っていた絶望や不安を、全て吹き飛ばしてくれるものだった。

そして十日間の静養のおかげか、体調もほぼ回復していることに気づいた。精神面と体調面、その両面の不調からの解放。そのとき突然ぼくの前に出現した、ハマチやイルカといった海洋生物たち。その生命力と色彩に満ち充ちた躍動に囲まれていると、まるで彼らから祝福されているかのような気分になった。ぼくはもちろん人間だが、彼らの側、つまり海洋生物の側、野生の側にも属しているのだという、強い実感。それは存在そのものに対する肯定というのか、心強い安心立命感のようなものを伴っていた。ハマチ、イルカ、イワシ、ウミネコ、沿岸の山々の木々と昆虫たち、海中の魚や貝やカニやエビやプランクトンたち、そして海用の下半身であるシーカヤックを履いたぼく。すべてが生命として、確かに障壁なく一つに繋がっていた。ぼくはここで生態系の一員となれた気がしたのだった。

一か月のレッスンを経て、ようやく一つの段階をクリアできたということか。拒絶の果ての調和と充実感。これこそ本物の「自然との一体感」というやつだった。

日本の自然文化に新たなる一ページを

今このときのことを振り返ると、ぼくは「免疫学」のことを連想せずにはいられない。二十世紀後半から二十一世紀初頭にかけて、医学の中でも免疫学の研究が非常に進んでいる。またそれは人文科学的にも極めて意味深い比喩をもたらし、想像力を喚起するものとして関心が寄せられている。免疫は異分子に触れたとき、まずは非自己として拒絶反応を示す。だがしばらくすると寛容性が働き「自己として受容する」という反応も示す。免疫には「拒絶」と「受容」という両方の働きがあるのだ。ぼくの経験もその反応と酷似していた。

旅に出て最初の一か月、ぼくは海を、あるいは海がぼくを、非自己として拒絶していた。だが辛抱強く漕ぎ続けることによって寛容が働いた。東京湾を渡り切った安堵感と恐怖からの解放感によって、受容に転じたのだ。ハマチとイルカが触媒となって、ぼくの心身は、海という非自己を自己として認識することに、宗旨替えしたのだった。

あるいは海がぼくを……。

その後、無事に日本一周を達成できたのだったが、取りもなおさずここが一つの原点となっている。もしあのとき退いていたら、拒絶と絶望のままで終わっていただろう。試みを止めないことによって拒絶は受容へと転じ、美しい調和が生まれる。それはそのまま今に至るぼくの「冒険観」を形作るものとなった。本物の調和による美を探求することこそが現代における冒険なのだと。いわば自然との、とことん親密なる結びつきという、フロンティア。

単独日本一周航海が終わったとき、達成感と言うより「もったいない」という新たな感情が心の深いところから湧き上がってきた。長い海旅の末にすっかり、見事なまでに海仕様にチューニングされた身体ができ上がっていたからだった。人間の身体や五感とは面白いもので、どこまでも自然に順応する。そもそも、目も鼻も皮膚も毛穴も、外界の自然現象に感応するように設計されている。現代人は快適便利な生活によってそれを覆い隠してしまい、十全にはその機能を果たしていないけれど、本来は極めて精妙にできている。そしてそれは、実のところまだ全く退化していない。五感を通じて海と「気」のようなものを交わし合っている瞬間がたびたびあったし、だからこそ正しい状況判断に繋がり、無事生きて帰って来られた。そして自然感覚が深まったのは当然のこと、音楽や文学やアートへの感受性も深まり、さらに歴史、神話、人類学、宗教学などさまざまな分野に関心を抱くようになっていた。全ては海仕様に磨かれた身体が生んだ感受性によるもの。

まるで自分自身がマルチメディア受信体になった状態。

それを終わらせるのが「もったいない」と思えたのだった。なぜならそこにこそ、ぼくがこれから探求すべき、沃野が広がっていると思ったからだ。

その後ぼくは、和歌山・湯浅にて「アイランドストリーム」という屋号で、シーカヤックを中心としたアウトドアツアーを催行する事業を立ち上げた。その業務を行う傍ら、時間を見つけては「もったいない」感覚の続編としての旅を続けた。

やがて、もったいないという次元を越えて、もっと強力な、心身の奥深いところから湧き上がる抗いがたい力に引っ張られる、細胞の希求のような旅に変わっていった。

それは、求心的な旅と、遠心的な旅だった。

前者は日本の自然文化や海洋文化を学ぶ旅、後者は海外のあちこちをカヤックで巡る旅だった。

時に両者は呼応した。海外を旅すればするほど、自分とは日本的な自然観を持つ日本人にほかならないという事実が明確になるし、日本的な自然観を探れば探るほど、国境すらない広い世界の展望へと繋がることを知った。

気がつけば、両者が呼応する場所として、カヌー文化圏を旅していた。アジア、アフリカ、太平洋諸島である。実のところカヌーとは一般的総称で、現地人の間では「ワカ」あるいは「ヴァカ」と呼ばれる場所が多いのだが、その名によって、より俯瞰的な世界分布図が見えてくる。ハワイやタヒチでは「ワカ・モアナ」、イースター島では「ヴァカ・ポエポエ」、クラ交易（外洋カヌーによる儀礼的交易）で有名なパプア・ニューギニアのトロブリアント諸島では「ワガ」など。それがマダガスカルにまで存在し、繋がっている。インド洋から太平洋の端々にまで広がるカヌー文化圏だ。

そこをカヌーの一形態であるカヤックで旅する中で、ぼくはしばしば心身を人体実験のように使った。どこを漕ごうとも、海に出て「野生的瞬間」に立ち会うや否や、過去の海旅の感覚的な記憶が蘇ってくる。すべては一筆書きで繋がるのだ。時には海旅以前の、生まれた時からの感覚にも。さらには自分の領域を越えて、何百年、何千年前、何万年前に生きた海人たちの世界にも。喩えて言うならアメリカ・インディアンの「ヴィジョン・クエスト」、アボリジナルの「ドリーミング」のような旅。または「直観」を繋いでいき、あるフロンティア的地平を目指す冒険。

それは、どんな未来に繋がっていくのだろう。

旅の中で思い至った確信を一つだけ先に述べておくと、この地球は有限で、だがそれを捉える人間の感性、いわば「プラネット感覚」は無限であるということだ。そしてそれを明確に自覚することによって、未来へと繋がり、「二十一世紀は環境の世紀、自然との共生を尊ぶ文化を育む、面白い時代になる」。

それはぼくにとって、自分なりのやり方で新たなるカヌー文化を創り上げてゆくことになるのかも知れない。日本の自然文化に新たなる一ページを加えるような気概を持って。

ではじっくり旅の話を始めよう。

第一話

フィジー・カンダブ島

もしも太平洋性なるものがあるのならば

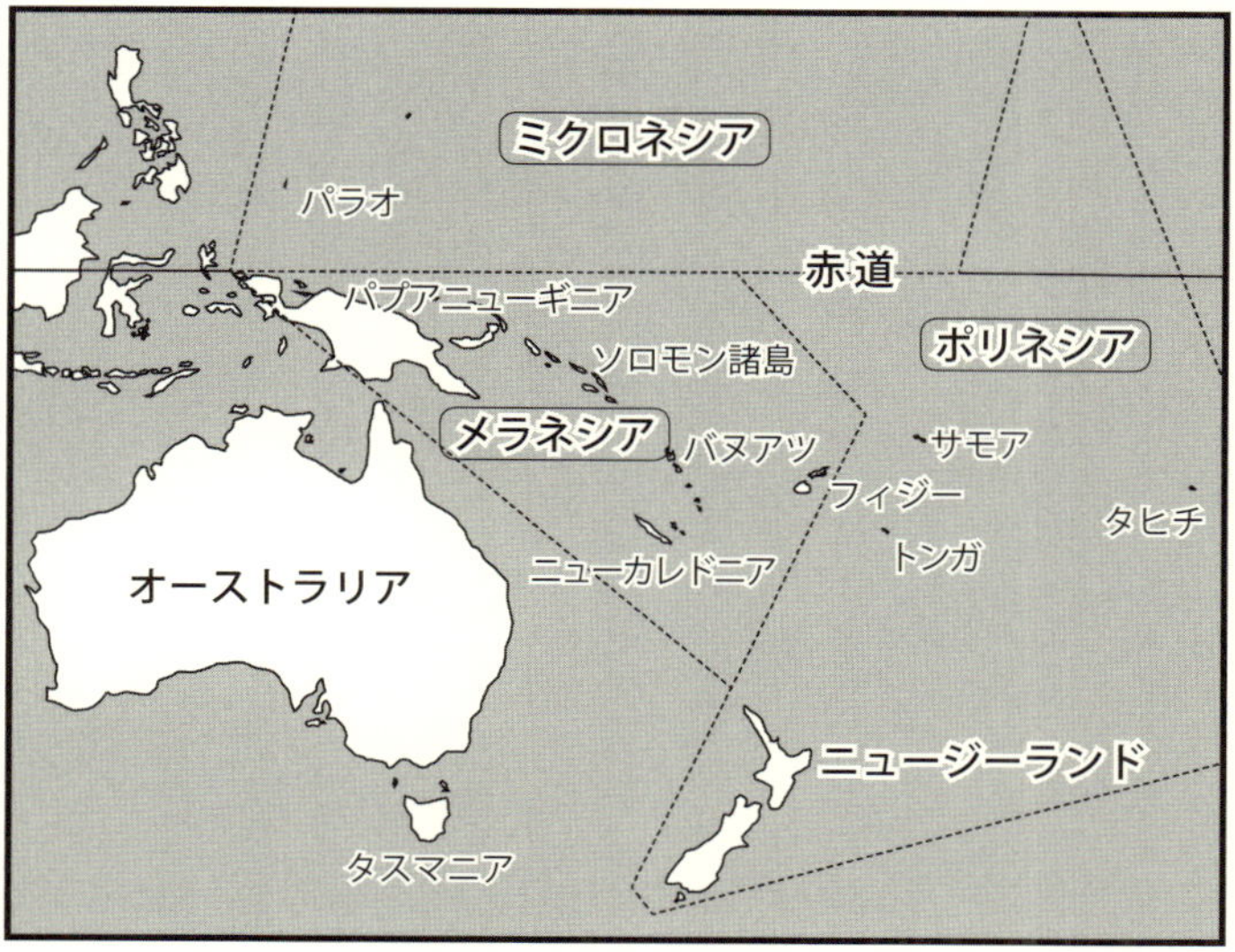

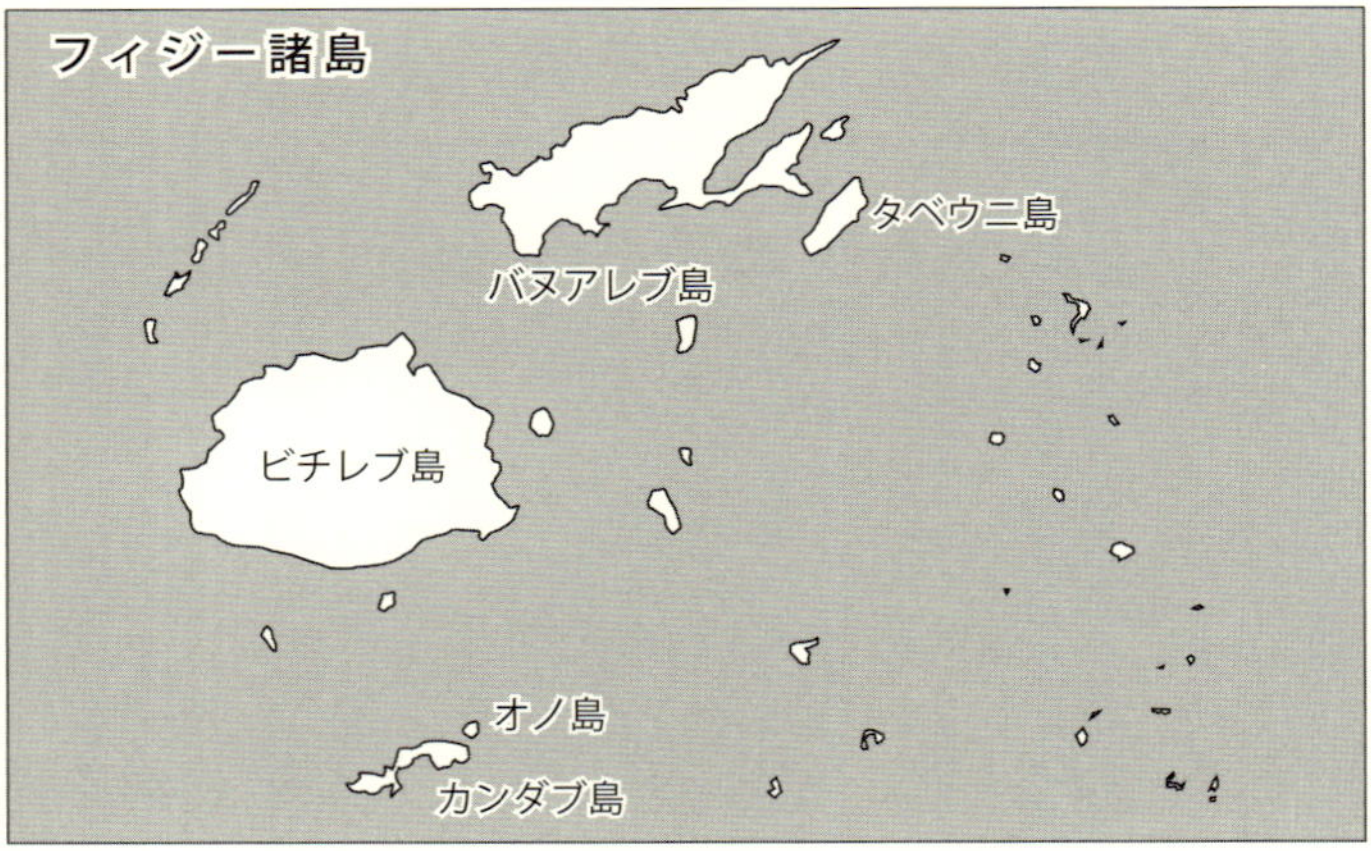
フィジー諸島
タベウニ島
バヌアレブ島
ビチレブ島
オノ島
カンダブ島

胴の太いうねりが沖のリーフ（環礁）にぶち当たり、大地の揺れでも起こすかのような爆発音を立てていた。音と同時に水柱が立ち上がり、しぶきによって一〇メートル以上の高さまで煙る。白いカーテンとなったその内側に沿って、ぼくは進み続ける。浜と並行に続く沖のリーフは次第にとぎれとぎれとなり始めた。水路状の狭間から直接、外洋からの大きなうねりが届けられ、カヤックごと全身を包み込む。その瞬間、水の塊に取り囲まれ、うねりの壁面しか見えなくなった。うねりの谷間では、沖のリーフの轟きも遠い別世界のようにくぐもり、現実味の失せた、こもった音になるのだった。

静寂の空間に包まれる。しかしそれはほんの数秒の間だけだ。次のうねりの山頂に来ると、また視界が開け、山から下界を見下ろすような遠景が目に入る。どの方向でも波頭が白く、尾を引くように大きく崩れていて、進むべき道はないように思える。と同時に、沖のリーフにぶち当たるうねりの轟音が、殴りかかってくるようなリアルさで耳に届けられる。そしてまたうねりの谷間に入る。水の壁しか見えない静寂の空間。

海にいながら山と谷の繰り返しだった。

遠景が近景となり、詳細が手に取るように分かるまで近づいたとき、ようやく進むべき一筋が判別できた。手探りで何とかそのラインを繋ぐと、前進してゆけるはずだ。

だが、次の岬を越えると完全に沖のリーフが切れた。大きなうねりが直接、次々と押し寄せる。

今度はできるだけ沖を進むことにする。防波堤がなくなったようなもので、うねりのパワーを受け止める場所が、沖のリーフからビーチへと変わったからだ。音源が左から右へと移った。波打ち際では「ダンパー」と呼ばれる、強烈な「巻き込み波」が発生していた。

こいつに巻かれると一巻の終わりだ。

うねりとは、大きな回転運動となった水面下のエネルギー。それが海水を巻き上げることにより、大波となる。海が深ければ回転運動は滑らかに進むが、浅瀬に入ると、回転の下部が海底に邪魔される。ちょうど歩いていて足を引っかけられるのに似ている。つんのめった上部は海水を巻き上げ、円形を描きながら、大瀑布を轟かせる。急に浅くなる場所では特に、強く「巻く」。それをダンパーと呼ぶ。

そのパワーは人間の脳で想像できる領域を越えている。ぶっとばされた瞬間、初めて実感するのだ。地球のパワーが何トンもの重い海水を持ち上げ、たたき落とす凄まじさを。あっと言う間に転覆し、洗濯機にぶち込まれたかのように巻かれ、フォールディング（折りたたみ式）カヤックのフレームはばらばらになる。そいつはごめんなので、数キロ沖を行くことにする。だが同時にそれは、陸に逃げるという最も安全な回避路が絶たれることをも意味していた。

フィジー諸島の離島の一つ、カンダブ島でのカヤックトリップも二週間近くが過ぎ、終わりにさしかかっていた時のことだった。最後の佳境を迎えていた。この島を選んだのは偶然か必然か、確かに最初は偶然だった。だがまさに今、偶然が必然へと変わる瞬間を迎えているのかも知れなかった。それを逃したくはない。だから進み続けるのだ。

うねりはどんなに大きくても閉じていればなんとかなる。開かれるとき破壊的になるのだ。ぼくは注意深く、閉じている点から点へと繋ぎ、一筋のラインを描く。風がほとんどないのが幸いだった。過ぎ去ったサイクロン（島民たちは「ハリケーン」と言ったが）、その余波も次第に治まってくるだろう。もうちょっとの辛抱だ。

二キロほど先の島最西端の岬を目指す。

地球の荒い呼吸のようなうねりの山と谷を交互に滑り、そのリズムに合わせて、いろんな思いがぼくの中で交差し合った。海の鼓動を直で捉える腹の底から、過去に訪れたさまざまな海の体感的な記憶が蘇る。ある一つの沈み根の上で閉じていたエネルギーが炸裂し、目の前で開かれたとき、ぼくは過去に訪れた岬の情景と、そこで出会った生き物たちのことを思い出していた。

地響きのような轟音を伴った、地球の鼓動がリアルに開かれる瞬間。

そのとき、ろうそくの炎のように脳裏に揺らめいた直観。

それは、海の語り掛けに対する、あるいはウミガメやイルカなど「海の化身」からの問い掛けに対する、一つの答えであるのかも知れなかった。

必然性という接着剤でつなぐ七つの海

ポリネシア、メラネシア、ミクロネシア、どこでもいいから太平洋の離島を旅したかった。ぼくは二〇〇〇年代に東南アジア、インド、アンダマン諸島、アラビア半島などをカヤックで旅してきた。一方、太平洋諸島へは足を運んでいないことに、あるとき気づいた。もちろん太平洋に興味がなかったわけではなかった。むしろ太平洋に惹かれていた。ぼくは長年、太平洋を臨む海辺に住んでいる。そもそも日本列島は太平洋上の群島であり、環太平洋文化圏の西端、言うなればファー・ウエストに位置する。太平洋はとてつもなく広い。

　ぼくはその広さに惹かれていた。

たとえば太平洋のど真ん中、タヒチあたりを中心としてグーグルアースや地球儀を見ると、すべての大陸が消え、完全に水の惑星となる。宇宙の中でもひときわ強い存在感を放つ太平洋、暗黒の中で神秘的に輝くブルー。海に出る前には、よくその姿を頭に描くのだった。惰性的にならず、初心を忘れないために。どんなときにも、美しき神秘の中をゆく、というイメージを保ちながら漕ぐために。そして何より、この広漠たる空間をカヌーで渡っていった太古の人たちの航海術に強い興味と尊敬の念を抱いていたために。

　数千年の昔、遠い東アジアから出発し、太平洋上の島々へと拡散していった人類。それは全長が一〇〜三〇メートルあり、帆走することによって外洋を渡ってゆく「ダブルカヌー」での航海によって成し遂げられた。時計もコンパスも六分儀も、あらゆる計器のない時代に、何百キロ、何千キロもの長距離を渡海していったのだ。彼らが駆使した航海術は俗に「スター・ナヴィゲーション」とも呼ばれた。それは星や太陽の運行によって現在地や進路を割り出す知識に加えて、風、波うねり、潮、気圧などを捉える体感、そして渡り鳥や海洋生物の動きに対する洞察力などによって成り立っていた。つまり身体感覚を総動員することによってこの「水の惑星」と深く対話し、進むべき道を導き出してゆく叡智なのだった。それはカヌーの究極的な使用方法である。だからその舞台である太平洋の島々に関心がないわけでは、毛頭なかった。
しかしそれはぼくがやっていたカヤック旅とは大きく違うものだった。外洋式大型カヌーと比べて、一人用カヤックでの旅とは、基本的に沿岸水域を漕ぐものである。フォールディングタイプや分割式の場合、マイカーはもちろん、電車、バス、航空機などでも運搬できる。どこでも好きなときに好きな場所で出艇できるので、よりカジュアルかつ自由度の高い旅が可能である。その旅が面白かったのだ。一方、太平洋を渡海するようなスター・ナヴィゲーションの世界に足を踏み入れるならば、完全に今の店を閉めてそれ一本に賭けるか、次の人生か、そのどちらかでしか縁はなかろうと思っていた。太平洋の島世界を本当に知るには、何か月も、何年も、島から島への長距離航海をしなければだめなのだろう、と。また、ぼくは既に太平洋の一部である日本列島を一周していた。そういう理由からか、過去の旅先に太平洋諸島が抜け落ちていることに気づいたのだった。

しかし、これまでアジア諸国沿岸を旅する中で、ぼくは「直観を繋ぐ」という一つのスタイルを確立しつつあった。まず、一つのトリップを数か月、数年単位ではなく、七日から二〇日くらいの日数で区切ることによって、完結性を持たせる。ちょうどそれくらいの日数が、中だるみせず倦むこともなく、テンションを持続させながら一つの本質を掴み取ることのできる、適度な長さなのだ。何より「瞬間」を大切にするようになる。そしてその旅を通して得た、ビビンと心に響く野生的直観や強度のある確信を、それがどういう意味を持つのか、今一度じっくり見つめてみる。直観には必ず何らかの意味がある。ときにはそれが分かるまで、脳から脂汗が出るくらい徹底的に考え抜く。すると目指すべきその先が見えてくる。だがそれが何であるのかまでは分からない。しかしあえてその先に行ってみる。そしてまた、そこで得たことを考え抜き、さらに次の旅に繋げてゆく。そんなサイクルの旅ならば職業柄、一生続けていくことができる。

それがぼく独自の冒険手法であり、シーカヤックに出会った瞬間からの旅の続きだ。あの若き日に思った「徹底的にやってみたい、その先に何があるのか全く分からないが、自分の直観を信じてとことん追求してみたい」という初期衝動が生き続けるわけだ。同時に、あちこちの海の経験とともに、以前の「日本一周」経験がベースとなることを改めて知る。旅が過去色に褪せるのではなく、通奏低音として反響し始める。そうして一旅一旅を一曲一曲として丁寧に作り上げ、一つ一つ順番に、あるいはあえて時系列をずらしてランダムに繋ぎ、一つのまとまりをもったアルバムを作成する。

それがぼくの考える「直観を繋ぐ」カヤック旅。己の感性で世界地図を描き直してゆく行為、言うなれば「地球を描く、体感アート」。必然性という接着剤で繋がった何千キロ、何万キロの大洋を渡海する冒険。

だから何も太平洋の島嶼《とうしょ》間を渡海しなくても、まずはとある太平洋上のどれか一つの島を旅してみて、本質的な何かを掴むことができればそれでいいのだった。

ということで、適した島を探していた。

外周二〇〇～三〇〇キロくらい、淡路島と同等か、それよりもう少し大きいくらいの島。闇雲に漕げば四日～七日間くらいで一周できるけれど、そうではなく、十四日～二十日くらいかけて、細胞全体が変わってゆく感じと言うか、ラジオのチューニングでも合わせるように旅できる島。

そこで目を付けたのが「カンダブ島」だった。治安の心配がなく、猛獣、毒蛇、マラリア蚊もいない、だけどあまり開発されていないという、おあつらえ向きの島だった。

三〇〇ほどの島々を寄せ集めると、ちょうど四国くらいの総面積になる島国・フィジー。中でもカンダブ島は四番目に大きな島で、淡路島を少し大きくしたくらいの面積を持つ。フィジーでも特に開発が遅れた島だと言われる。町もなく、小さな学校、診療所、郵便局が何か所かあるが、銀行がない。だが人口は一万人くらい。あえてそのくらいの情報だけにしておいて、全く下調べもせずにフィジー入りした。ガイドブックのたぐいは一切持たず、先入観なく即興演奏的に漕ぐ。その中で何を感じ、何を思うか。太古の航海術という大きすぎる興味を、自分自身の活動テーマとして、どう落とし込むことができるのか。太平洋世界という広漠たるマクロコスモスを、限られた日数の中でミクロコスモスとして瞬間的に切り取る旅に賭けること。

だが予備知識的な情報を全く持たずとなると、海に出るまで頭のピントがどこかボケてしまうようだった。恥ずかしい話だが、関空の出国ゲートで財布をなくした。離陸寸前にぼくの座席まで届けられ、事なきを得た。二月頭、ナンディ国際空港に到着後、翌日のカンダブ島に飛ぶエアチケットを買おうとして、さらにボケていることに気がついた。

毎日フライトがあるとばかり思っていたがそうではなく、五日後まで便がないとのこと。当たり前だった。そんな辺鄙な島に飛ぶ便など、毎日あるはずがない。カウンターに座るインド系の若い女性職員に大笑いされた。

「まあ、しゃあない。それまでこの首都島のビチレブ島観光でもするか。でも、もし海に出てもこのボケ具合だったらまずいだろうな」と思いながら、空港内の荷物一時預かり所のカウンターで五日間の手続きをした。リノリウム臭い一五畳くらいの部屋に入った途端、ぼくの脳は一気にスイッチが入ったのだった。

預け棚にはたくさんのサーフボードが並んでいる。そう、このフィジーにサーフトリップに来た連中が結構いるのだ。薄暗い部屋の中、まるでサーフボード一枚一枚それぞれに「ぼくらは世界中あちこちの国から、この南半球の島々に、風という地球の息吹、波という水の惑星の鼓動と対話しに来ました」という無言の物語のようなものが染み込んでいる気がして、その棚に自分のフォールディングカヤックのバッグを置くことによって、晴れてその仲間入りをした気分になったというわけだ。

ここで初めて、宇宙から見た青く美しいウォータープラネットの姿が、脳裏に描かれたのだった。

止まった時間

カンダブ島の空港は週一便の離着陸のときだけ開く。到着した者と出迎える友人、家族、知人たちが一通り握手し、熱く抱擁し合った後、みなあっと言う間に出て行った。急に閑散としてさみしくなった室内。ぼくも重いフォールディングカヤックのバッグを背負い、空港を出た。

島の中心であるブニセア村。人工物として平屋の建物がごくまばらに目に付くだけで、緑に溢れていた。逆に言うと、見事に何もなかった。

道一つ隔ててすぐ海だった。車線がないのはもちろん、舗装もされていない道が海沿いに伸びている。それは弓なりの入り江に沿ってカーブを描くが、一キロくらい先で緑の木立に隠れ、どこまで続いているのか分からなくなっていた。

「道なりにまっすぐ行ってあの木立を越えると右手にショッピングセンターがあるよ」と空港職員が教えてくれた通り、そこを目指して歩くことにした。まずは食料の買い出しだ。歩き始めるとすぐ右手に鉄網フェンスがあり、その中に、草むらで囲まれた短い滑走路がある。先ほど乗ってきた小型機が止まっていた。その背後には標高三〇〇メートルくらいの、濃い緑と淡い緑のまだら模様に覆われた山が控えていた。

どんより曇った空、積雲は雨を孕んでいそうだが、降るのか降らないのか分からなかった。ぬるい、もわっとした空気がよりのんびりした、止まったような空気感を醸し出していた。海はモスグリーンだが、曇っているせいか、鮮やかさがまるでなかった。飛行機から見ると目が痛くなるほど鮮やかだったのだが。

五分ほど歩くとすぐにショッピングセンターが見えてきた。小さな平屋で、一目見ただけでは店だとは思えなかった。小さな看板にshopping centerと書かれていなければ見落としてしまっただろう。田舎駅の売店のようなこじんまりしたサイズで、品揃えは望めそうにもなかった。しかも閉まっていた。

「これがこの島一番の商店だなんて、今回は食い物に苦労する旅になるかも知れないな。しかし、この島の人たちは一体どうやって暮らしているのだろう?」

一本道をさらに一〇分ほど歩く。岬近くの高台で急に道が途切れた。どうやらこの島のメイン道路はここまでのようだ。その突き当たりにこの島唯一の安いゲストハウスがある。首都島ビチレブ島にて教えてもらった宿だ。海に出る前にここで一泊する予定である。

ようやく重い荷物から解放され、再度、村を歩き回った。おとぎ話のようなのどけさだった。集落には高床式の平屋が立ち並び、壁には古いトタンがつぎはぎされていた。二本の離れたヤシの木の間にロープを張り巡らせ、そこに干されたカラフルなシャツやパンツ、タオルなどが風になびき揺れている。学校はすぐに見つかったが、郵便局や診療所の所在地は分からなかった。空港近くの海そばに大きなガジュマルのような大木があって、その木陰でゴザを敷いた家族が、ゆったり過ごしていた。その脇を時折、豚の親子やニワトリが通り過ぎてゆく。

「ブラー(こんにちは)」とあいさつした。「どこから来たの? まあまあお茶でもどうですか」と呼び止められた。三五歳くらいのご夫婦に八歳、五歳、三歳といった年格好の娘三人。はにかみながら、写真を撮ってくれとせがむところが、かわいらしかった。ご主人は漁師で、タニエラと名乗った。ちょうど網の手入れをしているところだと言った。だが、どう見てもただのんびり海を眺めているだけにしか見えなかった。

その「何もしないこと」が実に優雅で、なんとも堂に入っていた。そして、どこか温かい気持ちにさせてくれるものがあった。彼らは流暢な英語を話した。フィジー全体が元イギリス領で、フィジー語に次いで英語が第二言語として通用しているからだった。

「ビチレブ島と違ってこの島では誰もあくせくしないんだよ。ほら、そこにパンの木が生えているし、あっちにはパパイヤがなってる。それを食べてりゃ飢え死にすることはないからね。敬虔なキリスト教徒のおれたちのために神様が与えてくれたのさ」

その後、ほとんど言葉を交わさなかったが、無言が気まずくなることもなかった。風の音とゆっくり引いていく潮の音に耳を傾けながら、彼らと小一時間過ごしているうちに、少しずつ島のリズムに焦点が合っていくような気がした。食べ物をどうするかという不安もなんとかなりそうに思えた。そもそも「不安」というのはこの島にあまり似つかわしくない感情のようだった。

フラッシュバックとフラッシュビヨンド

翌朝、ショッピングセンターは開いていたが、案の定ろくな食品がなかった。特に生鮮食品は皆無だった。だが米とパスタはあった。助かった。これさえあればなんとかなる。あとは釣った魚をおかずにすればいい。テント、マット、調理用品、カメラ、水、釣り竿、その他すべてをカヤックに積み込んだあと出艇。

二週間くらいかけて時計回りで島を一周する予定だ。

数キロ沖合まで出て、一歩引いた目線から島を眺める。三〇〇～四〇〇メートル級の低山が幾重にも連なっている。火山島なのだ。海抜の低い珊瑚島のように地球温暖化で沈んでしまう心配はない代わりに、ときどき地震に見舞われる。昨日タニエラの奥さんがそう教えてくれたことを思い出した。山々のふもとから頂上まで、緑の濃い部分と薄い部分がある。濃い方は木々の生い茂った森、薄い方は草原だ。水際にはヤシの木がずらりと立ち並んでいる。振り返ると、水面に、カヤックが通ってきた水尾《みお》筋が伸びていた。その延長線上に島最高峰のナブカレブ山（八二二メートル）がそびえ、中腹に積雲がたなびいている。あの山のふもとを通り過ぎるのは一周が終わる頃だ、果たしてどんな経験をしているだろうか？

久しぶりの海上、水を得た魚のように進む。

フィジー到着から漕ぎ出すまで時間がかかった分、海に浮かんだ時の感覚はひとしおだった。酒飲みが満を持して酒を飲むとき五臓六腑に酒精が染み入るとのたまうように、ぼくの全身の細胞も海の気に満たされてゆくかのようだった。リラックスしながらも五感がピーンと張った状態。そしていつものように独り言を言う。


「ああ、この風か」

知らない海を漕ぐとき、海上に出るや否や記憶器官が勝手に起動するらしく、いつも過去に訪れたことのある場所の感覚的な記憶が蘇ってくる。その記憶はさらに別の記憶を呼び出し、しばし時系列が滅茶苦茶になり、一体どこに身を置いているのか分からなくなることもある。それは既視感《デジャヴ》と言うよりおそらく、ぼくらの遠い先祖が移動型狩猟民だった太古の時代、「安全、快適だった場所」「危険、不快だった場所」の両方を即座に思い出せる能力が生存の可能性を高めたという、その名残ではないかとぼくは思っている。シーカヤッカーにとって風は命と直結する自然現象なので、特に敏感になる。そして誰にも頼ることのできない単独航海では常に感覚を研ぎ澄ませた状態なので、覚えていると言うより、鮮烈に残っている。

ここでは数年前に訪れたアンダマン諸島を漕いだ時の記憶がフラッシュバックした。

島と島の水路を抜ける風のニュアンスが似ていた。アンダマン諸島のマングローブ樹林が展開される水路では時折巨大ワニが出没し人を襲う。だから気をつけろとさんざ言われた。水路でそれを意識すると、時折異様な静けさの中、妙な気配がしてゾッとしたものだった。そのときの感覚が蘇ってきた。ここブニセア村沖とアンダマン諸島の海水色および質感は似ている。入江の奥にマングローブ樹林帯があることも似ている。その穏やかさも（多分今日に限っては）似ている。しかしカンダブ島にワニはいない。だから安心して漕げる。そんな直感的判断方法だ。

もっとも、それは「繋ぐ」スタイルのぼくの独自手法で、他のカヤック冒険者も同じなのかは知らない。ただ、いつ何が出てくるのか分からないこの現場感覚を、ぼくはいつも面白がっている。（余談だがフラッシュバックだけでなく「フラッシュビヨンド」と呼ぶ感覚もある。これまで行ったことはないが、きっといつか行くであろう、行きたいなと思っている場所に身を置いている未来軸の体感起動だ。それは恐らく映像で見たことがある場所、もしくはいつか文章や音楽や人の話に触れてイメージした想像上のどこかであり、厳密に言えば過去の記憶だ。それと今実際に身を置いている現場感覚の何かが似る。それは五感が混じり合う一種の「共感覚的」意識状態だとも言える)。

面白いが、パドルを持つ腕はなかなか始動してくれない。

ナイコロコロ村

時折、水際のヤシの合間に建物が見え隠れする。そこが村のようだ。村は海辺にいくつも点在するらしかった。しばらくリズムに乗って気持ちよく進んでいたが、やがて太陽が昇るにつれ暑くなってきた。適当な村で休憩させてもらうことにした。

上陸したのは「ナイコロコロ」という、のどかでかわいらしい名の村だった。屋根と壁をトタンで貼り合わせた平屋が数軒立ち並ぶだけの簡素な集落。牛とニワトリが歩き回っている。四十代前半くらいの夫婦が木陰にゴザを敷き、お茶を飲んでいた。

「ブラー」

「ブラー、あなたどこの国の人？　一体こんな舟でどこから来たの？」

「日本人です。ブニセア村から漕いできました。カンダブ島を一周するつもりです」

「なんでカンダブ島を？　どういう理由で？」

いつでも、どこでも、お決まりの質問だった。

「日本って古くは海洋文化の国で、ぼくら日本人も、もともとはカヌーで渡ってきた民族なんですよ。そして自然との対話を尊ぶ文化もある。だからこういう乗り物で旅することには、異文化を知ると同時に、自国の文化的ルーツを探るっていう意味があるんですよ」

彼らは、理解できないという顔をした。かと言って別段否定するふうでもなかった。これも、いつも、世界のどこでも見る反応だった。「カヤックで旅して土地の自然と対話する」という抽象的な行為は、先進国だからこそできる贅沢なのだ。世界の大半の人は、極めて直接的な実益に繋がっていないと、こんな旅をすることの意味が理解できない。もちろんぼくも、それに対して何ら否定的な気持ちを持たない。ただ、そういうものなのだ。

「あなたたちも、もともとはカヌーでやって来た人たちで、ぼくたちと同じですよね。太平洋にはそういう文化がある、カヌー文化が。まあそれはそうとぼくは、カヤックを売るお店を経営しているんですよ」

そう言うと、理解できるようだった。これもいつもと同じ流れだ。

「じゃあどうしてカンダブ島なんだ?」

「そりゃあ太平洋の中でもカンダブ島の海が素晴らしく美しく、そしていい人たちがいると噂に聞いたからだよ。綺麗な景色の中でカヤックの写真を撮って、広告にするのさ」

ぼくはそう答えた。

結局、理由など何でもよかった。温和で、優しい人たちだった。彼らは紅茶とパパイヤを出してくれた。彼ら自身はレモングラスティーを飲んでいたが、ぼくにはリプトンのティーバッグにお湯を注いだ。何か意味があるのかと思ったが、どうやらティーバッグの方が高級品で、客人にはそうするのが作法のようだった。なぜならレモングラスはそこら辺にいくらでも育っているが、ティーバッグは現金を出して購入するものだからだ。逆にぼくたちはティーバッグよりもハーブティのほうが高級だと思う。その価値観の違いが面白いと思った。

この村には、と言うかブニセア村以外のほとんどの海辺の村には、陸路がないようだった。彼らが島の中心、ブニセア村に行くときには、船外機を付けた伝馬船を走らせる。ちょっとした買い出し時以外、ふだんは村で過ごす。それでなんら問題ないと言う。どうやらこの島の人たちは、ほとんど自給自足で暮らしているようだった。

夫婦は自慢の息子の話をした。ビチレブ島に寄宿して高校に通っているらしい。写真を見せてもらった。二人は彼の卒業後の進路について思案しているようだが、特に心配しているふうでもなかった。ここには何もないので多くの若者は島を出て行く。だけど歳を取ったらきっとまた島に帰って来たくなる。その時になったらここでのんびり暮らせばいい、と奥さんが言った。あなたはどう思うと聞かれたのでぼくは、ふるさととして「ナイコロコロ村」という名前が最高だと答えた。全世界どこにいようとも「きみはどこの出身だ」と聞かれ「フィジーのナイコロコロ村だよ」と答えるのは、結構かっこいいのではないか。響きがとてもいい。彼らはいつもここに座ってこの角度から海を見ている。この角度で育った者は、島外のどこに出て行っても、ふとしたときにこの角度を思い出すと言う。そして年を取り帰って来てこの角度から海を見ると、逆に人生を反芻するように島外を思い出すらしい。

ナイコロコロ村の、時にうんざりするほど退屈な、偉大なるアングル。

「さてと、そろそろおれはプランテーションに行ってくるよ。あんたはもう少しのんびりしているといい」

夫は立ち上がり、腰にナタを携え歩いていった。

二〇分ほどのち、ぼくも漕ぎ出した。しばらく進むと、さきほどの彼が海辺の草むらでナタをふるっているところに出くわした。

「あれ、プランテーションに行くんじゃなかったっけ?」

「そうだよ、ここがプランテーションだ」

それは、どう見てもただの伸びきった雑草が混在する、だだっ広い草むらだった。しかし、ここがカバ（コショウ科、後述）やキャッサバの農地なのだと言う。自生しているものをただ採っているだけにしか見えないのだが。いや、「区画して耕して」ではなく、一見ほっぱらかしのように見える無造作なやり方が最も正しい、という自然農法なのかも知れない。この島はなかなか奥が深いのかも、と思った。

同時にぼくは、太平洋のカヌー文化やそれにまつわる歴史についてはよく知っているが、実際に住んでいる人たちの暮らしぶりについては、何も知らなかったことに気がついたのだった。

島の人々の暮らし

午後からの太陽光線は強烈だった。毎日吹いていたはずの涼しい南東貿易風は、よりによってぼくのスタート後、ピタリと止んだようだ。真冬の日本からやって来た身にとっては恐ろしく暑かった。午後二時半頃に切り上げ、ダク村に上陸した。

「ブラー」と、子供を抱いた若い女性が声を掛けてきた。

「どこから来たの?」

「ブニセア村からですよ」

「国は?」

「日本だよ、この折りたたみカヤックを飛行機で日本から運んできて、カンダブ島一周の旅をしてるんだ」

木陰のゴザに座り、とりとめのない会話を交わし、のんびり過ごした。

見ず知らずの異国の男がいきなり海からやって来ても、自然体で話してくれる。ありがたいと同時に、不思議だった。ローカル色が強いが、排他性はない。理解はできなくても、否定せず、受け入れる。そういうスタンス。

ゴザでは他に三人の子供たちが昼寝していた。ほかにも周囲に子供たちがたくさんいた。木に登り、枝葉の間からはにかんだ顔をのぞかせる子供もいた。合計一〇人くらい。

「これ全員きみの子供かい?」とぼく。

「まさか、私の子はこの子だけ、一歳の女の子よ」

彼女は胸に抱く子を揺すりながら言った。

この島ではどの村でも子供をとても大事にしているそうだ。子供は村の宝であり、村の子は誰でも自分の子のようなもの。そんな価値観があると教えてくれた。

彼女の横顔を見てふと、とても綺麗な人だと思った。素朴であると同時に、上品で、物腰が柔らかく、洗練されている。あまり都会でも見ないタイプだった。日に照らされた瞳の輝きと、ふと赤みを帯びる頬の生気が交差するところに、優しさがにじみ出ていた。縮れ毛がまたチャーミングだった。この島特有の品のよさなのかも知れない。

ふと、こんな島で、彼女のような人と毎日同じ海を見つめながら、のんびり暮らしている自分の姿を妄想した。案外それもいいかも知れない。実際のところは、退屈してしまうだろう。だが、ぼくから冒険的指向性を取っ払うと案外、こっちの世界に向いている人間かも知れない。ただお金のためにあくせく働くだけの人生なら、こちらの方がいいとも思えた。

そんな想像を巡らせていると、やがて女性陣が集まってきて井戸端会議が始まった。この島の男連中はどこ？　と聞くと、みなプランテーションに行ってると言った。やはりさっきの彼女の物腰は別段この島特有のものと言うよりも、彼女自身の気質によるものらしかった。井戸端会議に耳を傾けていると、良きにつけ悪しきにつけいろんなタイプの女性がいると思ったからだ。結局どこにでも多種多様な人がいるというのは、世界共通事項だ。

夕刻、男衆が帰って来てみんなでバレーボールを始めた。ぼくはダク村を見て回った。ナイコロコロ村とはまた違って、若い人たちも多い。村の端に立派なキリスト教会があった。この島では敬虔なクリスチャンがほとんどを占めるようだ。日曜日にはみな教会で礼拝する。それが務めであり、娯楽でもあるのだ。教会近くに大きなパラボラアンテナが設置されていた。家々にテレビがあるわけではないが、村の集会所に大きなテレビがあり、皆で見る。もっとも島にはブニセア村を除いて電気は通っておらず、発電機とソーラーでまかなわれているようだ。水道もなく、井戸と山にある貯水池の水を使用している。

完全自給システムである。

夜、ぼくは村の長の家に泊まらせてもらうことになった。村の端の芝生でテントを張ろうとすると「そんな所に寝なくても」と、さっきの彼女が口をきいてくれたらしい。

長も温厚な物腰の人だった。六十代前半くらいか。家の簡易シャワーを使わせていただき、出てくると思いがけず食事が用意されていた。恐縮していると「これがこの島の文化だから気にしないで。それよりあなたが今度出会う人に、同じように親切にしてやってください」と言った。その優しさは敬虔なクリスチャンだからか。と同時にやや厳格すぎるように思えたのも、彼が牧師でもあるからなのか。

彼は言った。「きみは日中ずっと楽しそうに女の子たちと話していたが、一体何を喋っていたのかね?」

みだりに村の女性と話するのはよくない、というニュアンスの口ぶりだった。

だが話をしているうちに、それほど堅物ではなく、相当知的な人だという印象が勝った。世界中どこに行ってもいろんなタイプの人がいるが、消費文化や資本主義経済にあまり毒されていない地では、銭金勘定という型枠にはまらないせいか、ときおり驚くほど優しい人や突出して知的な人に出くわす。彼もそんなタイプかも知れない。ぼくの旅の理由に関しても通じた。日本には自然を尊ぶ文化があって、太古からの海文化もある。カヤックで旅をし異文化に触れることは、自国の文化を相対化し再認識することにも繋がる、そんな旅。

「日本は経済大国で物作りが得意だという印象がありますが、とても歴史深い側面もあると聞いたことがあります。面白いですね。しかしそれも、先進国であり、経済大国だからできるライフスタイルなのでしょう。フィジーではそういうことを考える人はあまりいないですし、もしいても一般的ではないですから。そういう部分を含めて、日本はつくづくいい国だと思いますよ」

「実は日本でも一般的ではないのですが」と言おうとしたが、あまりに話が長くなりそうなので、止めた。自分の話より島のことを聞きたかった。カンダブ島のことをどう思うか、と聞かれた。まだ二日目なので分からないですが、と断りつつ「みんな優しくてありがたい。あくせくせずゆったりしているところが、とてもいい」と述べた。彼はうなずきながら、島のことをいろいろと教えてくれた。

首長を中心とした数十人から数百人単位の村が数々点在し、年長者を尊ぶ伝統を大切にしながら、自給自足で暮らす島。確かに最低限の便利さは必要だが、それ以上のものは必要ない。九割方、自給で事足りる。何よりこの島のよさは、お互いを助け合いシェアすること。隣人を愛し、子供を大切にすること。むさぼらず、足るを知り、平和に暮らすことだ……。

もしかしたら彼の言うこの島の暮らしとは、聖書に描かれる理想像を重ね合わせて、希望的に言っているのかも知れない。だけど、かなりそれに近い生活をしているのかも知れない、と思わされるところが確かにあった。まだ、たった二日目だが。

ところで、と彼は言った。

「フィジー人にとって日本で一番有名なのが原爆のことだ。被爆国として、アメリカやフランスが行ってきた太平洋での水爆実験についてどう思うかね?」

日本には原子力発電所が五十四基もあることを彼は知らないだろう(この一か月後、東日本大震災が起こり、福島第一原発の事故が発生した)。またこの島の人たちと比べてぼくら日本人はどれほど多くのエネルギーを消費して生きているのかを知ったら卒倒するだろう。それは女の子と楽しそうに話すのとは比較にならないくらいけしからんことだと、怒られそうな気がした。

それだけではない。太平洋 = pacific ocean だが、pacific / pacifism とは平和主義、非戦主義を意味する。だが意に反して、太平洋諸島の人々は歴史的にも辛酸を舐め続けてきた。植民地支配、太平洋戦争、水爆実験、そして環境問題……あまり知られていないが、ミッドウェーからハワイ北西沖にかけて「太平洋ゴミベルト」と呼ばれる、日本列島の約四倍にも及ぶ面積のゴミ大陸が形成されている。その多くは黒潮によって運ばれてきた日本からのプラスチックゴミである……。そして温室効果ガスの影響での気候変動による、海抜が低い島々の水没の危機。そんな歴史や現実に対して、ぼくら日本人も責任ある立場なのかも知れない。だけど誰もその意識はない。日本人のみならず、世界中のほとんどの人が、太平洋のことになど関心すらない。当のぼくも歴史的なことはある程度知っているけれども、彼らの暮らしぶりに関しては全く目を向けたことがなかった。

　ぼくは恥ずかしくなり「核実験など、ひどい話ですね」とお茶を濁した。


　東に向かって漕ぐ。風が吹かない。波がなく穏やかなのはいいが、暑さで参った。太陽が雲に隠れると山肌に黒い影が生じ、再び照り出すとヤシの葉がぎらぎらした艶を帯びる。水平線の遙か遠くで積乱雲が湧き立ち、猛烈な雨を降らせていた。こっちにもやって来ておくれよ、と思うが来ない。

　まったく、真面目に漕ぐのが嫌になるほどの酷暑だ。だったら別に急ぐことはないのがこの島の流儀だ。時速二〜三キロのスピードで進み、素潜りと魚釣りとを交互に繰り返した。珊瑚礁《コーラル》は島の南側がいいという話だったが、北側も悪くなかった。ルアーを投げると、日本で「メッキ」と呼ばれるロウニンアジの子が入れ食いだった。

　ところどころでイルカの群れに出会った。喩えて言うなら彼らは海の化身、あるいは海と人間との中間に位置する媒介だ。「今、どうなんだい？　うまくこの海と調和できてるかい？　いい旅ができてるかい？」と、無言で尋ねてくる。イルカはいつ、どんな時でも海洋生物だ。だけどぼくはもちろん、いつもそうではない。たとえカヤックに乗っていても、頭は海から離れてしまっていることがある。妙な欲望、邪心、ノイズにまみれていることもある。そんな時に彼らと会うと、自分のズレがよく分かるのだ。

海でのあるべき姿、それは彼らの背中からたくさん学ばされる。カンダブ島での数日間、徐々にこの海になじんできた感はあるが、まだまだだろう。これからもっと感覚は深まっていくのだろうか？　だとすればそれはどんな形で、どんな瞬間に？　イルカはそんな問いをぼくに投げ掛けてくる。

答えは全く読めない。そこが面白い。そう思った瞬間、シーカヤッキングは即興演奏となる。ぼくは瞬間々々を大切に漕ぎ進む。洞窟や海に流れ落ちる滝一つ一つを巡り、村々を訪れた。海と同様、やはり村々も興味深かった。

ある瞬間ふと、これまで関心を向けたことがなかった人々の生活の中にこそ、イルカの問いに対する答えの、ヒントのようなものが隠されている気がした。

どの村でも暮らしぶりは似ているが、皆の顔つきが微妙に違っていた。首都のあるビチレブ島を歩き回ってまず何より抱いた印象は、この国は人種のるつぼだということだった。それがカンダブ島でも通じていた。

やがて島の端まで来た。三キロほどの海峡を越えて、カンダブ島の姉妹島のようなオノ島に渡る。ここからさらに東へ、「グレート・アストローブ・リーフ」と呼ばれる珊瑚礁が、六五キロにも渡って腕を伸ばす。バリアリーフとしては世界でも最大規模の一つだ。その中にも小さな無人島が点在する。どこまでも進みたい気持ちに駆られるが、あえてオノ島で折り返すことにする。

カバの儀式

オノ島ナンガラ村に入った。上陸すると、村人たちがいつものように歓迎してくれた。まず好奇心旺盛な子供たちが群がってくる。次に若い男衆、女性、おやじという順に集まってきた。ここでも夕飯をご馳走になった。恐縮し、釣った魚と交換した。

食後、カバの時間になだれ込む。

カバとは客人接待や儀式の際に、あるいは夕食後の井戸端会議的な場で中心となる飲み物だ。または、それを飲む儀式そのものを指す。フィジーのみならず、太平洋一帯に広がる風習である。二〇畳ほどある村の集会場に行くと、裸電球一つの下に、男女二〇人ほどの村人が集まっていた。木でできた大きな鉢が鎮座し、その中に泥水のような茶色い液体が浸されている。泥水の正体は、コショウ科の灌木の根っこを絞ったエキスだ。それがカバである。ホスト役の村人が底浅のお椀ですくい、何人かの手を介して客人に回ってくる。客人であるぼくは一気にそれを飲む。飲み干すと「もうお前はファミリーだ」という具合になる。飲み干さないとどうなるか、そいつは知らない。

味は、別にうまくもまずくもなかった。漢方薬のような味で、やや歯茎にピリッとくる。アルコール成分は含まれず、麻薬的な作用もない。心を鎮静化させる効果があるようだが、意識変容をもたらす力はない。昼間以上にのんびりした雰囲気で取りとめなく会話し、深夜一時、二時まで宴が続く。なぜかこの村にはいかつい風貌の若い男衆が多かった。見た目に反して彼らも本当

カバの儀式

に優しかった。たった二弦しかないギターを楽しそうに弾いて歌っていた。ぼくも日本の歌を教え、一緒に歌った。

いろんな村でカバに参加したが、この村の集会場の裸電球は特に暗く、闇に同化した男たちの黒い顔影から白い眼だけがギロッと光り、何やら秘教の集会に参加している趣があった。そのせいなのか、いやカンダブ島のカバがフィジー中で最強と言われるくらい濃厚だからか、あるいはぼくが海になじみつつあり細胞が野生に還り始めているからか、その理由は分からないが、口に含んだ瞬間、直観めいたものが走った。

カバとはもともと、島の化身たる土壌の精を己の内部に取り入れ、気脈を通じ合わせるための儀式だったのではないか？　最も古い文化の地層と繋がるための方法。そう思わせる野生くさい風味が口腔内に広がった。

宴のあと、村長の家に泊まるよう招待された。ありがたかったがテントで寝ることにした。空気の止まった室内ではなく、直接海を感じたかったからだ。ある意味テントは皮膚のようなもの。その薄皮一枚を通して、波のざわめき、風の予兆、潮の気配を感じながら眠りたかった。乾期とはいえ、こう何日も穏やかな日が続くのは不思議だと思っていた。経験上、十日も二週間も穏やかな日が続くことは考えられない。そろそろ変化が起こるような気もする。だから身体で何かを察知したかったのだ。

星を見ながら考えごともしたかった。

海の間際に張ったテントのフロアに寝そべり、頭だけ外に出した。

風はほとんどなく、満ち込んでくる潮の音だけが聞こえていた。

全天、あまりにも星が多い。まるで宇宙空間が太平洋であり、星々が島々のようにも思えた。そうするとカンダブ島は全く無名の星の一つだ。ぼくは自然に、この夜空をコンパスにしながら、太平洋を渡っていった人たちのことを想像し始めていた。マゼランやコロンブスよりも遙か昔、人類最初の大航海時代のことを。

何の情報も航海機器も持たず、五感と身体のみを使って何千キロもの大海原を渡っていった、宇宙探査のような人類最大の冒険について。

潮の音と香に包まれ、星を見つめながら、そのことについて想像する。

そして考える。それと現在のカヌー文化とはどう関わってくるだろうか？　スケールは違えども、ぼくの冒険とも通じ合うものがあるのか？　太平洋という広漠たるマクロコスモスを、限られた日数の中でミクロコスモスとしてどう捉えることができるか？　そんなテーマでぼくはこの島にやって来た、だがそれ以前に、捉えどころなどあるのだろうか？

そもそも、太平洋とは何だろう、人間にとって、日本人にとって、いやぼく自身にとって太平洋とは何なのだろう？　そんなことを考えるために、この南太平洋の離島にやって来たのだと、改めて思う。

ぼくは宇宙を太平洋、星々を島々と見立てて何度も人類最初の大航海者たちの道筋を辿ってみた。淡々と、ほぼ暗記しているその航海の歴史を繰り返しなぞる。ほとんど瞑想と変わらない。種々の雑念が込み上げてくるので、ただ淡々と繰り返すのだった。意味を考えるのはそれからだ。最初夢うつつに陥ったが、そのうち目が冴えて眠れなくなった。

いつまでも舌の上に残るカバの味が、太古の世界へと繋がる扉のような気がしていた。

もしも木星、あるいは月のサイズだったならば

約一〇万年前の出アフリカの旅路に出た後、ひたすら東に向かった人類が「第一波」として太平洋世界に出現したのは六～七万年前のことだった。それは、現在のアボリジナルやパプア・ニューギニア原住民の先祖によるものだ。

太平洋のカヌー大航海のことを考えるとき、いつもそこが一つの出発点になる。

彼らは、今より八〇～一二〇メートルも海面が低かった氷河期に形成された「スンダ大陸」と

「サフル大陸」の間の狭い海峡を渡った。前者はマレー半島、ボルネオ島、スマトラ島が繋がったいわば「東南アジア大陸」、後者はニューギニアとオーストラリアが繋がった「オセアニア大陸」だ。今はなきその両大陸の島々の間を彼らはカヌーで渡ったのだ。

何万年も海岸線を移動する中で、当時の人類はぼくらシーカヤッカーのような沿岸航海の術を身につけていたようで、島を隔てる最大一〇〇キロほどの海峡も渡ることができたのだった。だが、さらに東へとなるともう海峡どころではなく、大洋が広がっていた。地図もなく、どこが果てなのか、果てがあるのかすら分からない。完全に未知の世界だった。

彼らはそこでストップした。

彼らが到達したサフル大陸辺りまでを現在「ニア・オセアニア」と呼び、それより東のニューカレドニア、フィジー、サモア、トンガあたりまでを「リモート・オセアニア」と呼ぶ。「第一波」である氷河期の人類はリモート・オセアニアまでは辿り着けず、最初の大航海時代の主人公になるには至らなかった。

そうして数万年が過ぎ、徐々に地球が温暖化し始め、やがて海水面が現在とほぼ同じ水準にまで上昇した。「スンダ大陸」ではマレー半島、ボルネオ島、スマトラ島が切り離され、「サフル大陸」ではニューギニアとオーストラリアが分断された。その頃、スンダ大陸の水没を逃れて北東の海岸線へと移動する者たちが現れた。移住先は中国南東部、台湾、日本列島最南部あたり。彼らは海岸付近に住み、やがてカヌーに乗り、周辺の海域で漁や交易を営むようになった。五、六〇〇〇年前の話である。海での生活が何世代も続き、やがて堂に入った海の民になる頃には、

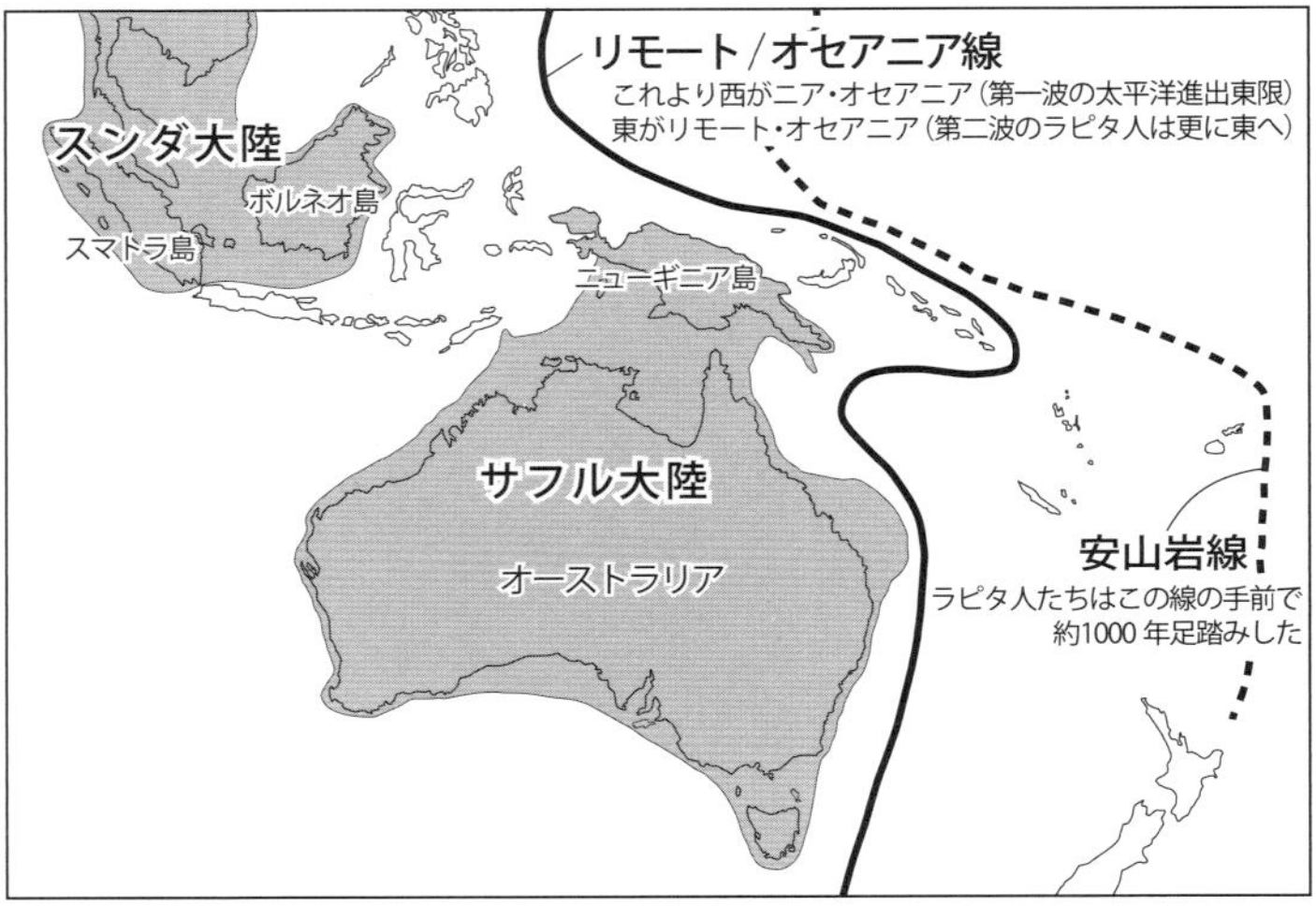

その程度では飽き足らず「もっと遠くへ」という気運が高まっていた。そうして機は熟し、いよいよ長距離航海を始めるのだった。

彼らこそ人類最初の大航海時代の主役であった。

約四五〇〇年前に船出した彼らはフィリピン、インドネシアを経て、三六〇〇年前頃にニューギニアやソロモン諸島まで辿り着き、そこの原住民と混血した。

数万年前そこにすでに渡って来ていた「第一波」の末裔とである。

いよいよその先は、人類の大きな壁だった「リモート・オセアニア」という、広漠たる海洋世界が立ちはだかる。だが長距離航海に出て以来、その術を磨いてきた彼らはそこも乗り越えていった。さらに東へ進み、三一〇〇年前頃にはフィジーやサモア、トンガにまで進出した。これが太平洋世界への渡海の「第二波」である。そして、それを担ったモンゴロイド系の彼らを現在「ラピタ人」と呼ぶ。彼らはヴァイタリティ溢れる海の民であり、大航海の中心、風雲革命児だったのだ。


海洋民ラピタ人の特徴は、三つの積極性にあった。

「海を渡り新天地を求めること」

「新しい技術の獲得」

「すでにそこにいる人たちとの融合」


その気性をもってラピタ人はニア・オセアニア、リモート・オセアニア間を縦横無尽に駆け回った。だがそんな彼らをもってしても、さらにその先へ進むのには苦労したのだった。「安山岩線（太平洋を囲む大陸の縁は安山岩が広く分布）」と呼ばれる、引き返せない（ポイント・オブ・ノー・リターン）地点の手前で、約一〇〇〇年間足踏みする。それより東はもう及びもつかない、宇宙のような海洋空間が広がる。しかし彼らはしっぽを巻いたわけではなく、その間、着々と爪を研いでいた。あくまでも、より遠くへ飛ぶための助走期間だったのだ。世代間でさらに航海術を向上させてゆき、やがて安山岩線も越え、遙かマルケサス諸島、タヒチ、ハワイ、アオテアロア（ニュージーランド）、イースター島、南米大陸へと到達する。

安山岩線を越えたラピタ人が海洋適応のために大型化、筋肉質化したのがポリネシア人だった。

一方、各地に繰り出していった当のラピタ人は、混血と身体変化のため、元の原型をとどめた者がいなくなっていた。現在、太平洋上のあらゆる島々に人間が住んでいる。こうも言える。彼らの全ては、カヌーで渡ってきたラピタ人たちの末裔だ。彼らが駆使したその航海術こそ、全身体感覚を総動員して水の惑星と対話する叡智、カヌー文化の究極形だった。それを世代間で伝承、革新、洗練させていった。


各地で入植を済ませた彼らは、やがて定住生活を送るようになった。

なぜか？　それは宇宙のように広い太平洋も、やはり「有限」だったからだ。

現在、宇宙から見た青の空間の中に、約千以上の言語を話す人々が散らばり、それぞれの人生を送っている。彼らが定住するのは結局、行き着くところまで行ったからだ。もちろん、島嶼間をカヌーで行き来する文化は続いたが、新天地はなくなっていた。もし仮に、地球が太陽系惑星で最大の木星一個分くらいのサイズだったならばどうなっていたかと想像する。

あるいは逆に地球が月くらいの大きさだったならば……。太平洋戦争と水爆実験により、とっくに星もろとも消滅しているであろう。


大別される三つのエリアの文化圏はそれぞれ異なった歴史を歩んだ。

「最大の航海の舞台になったのがポリネシア」

「スター・ナヴィゲーションが最後まで残ったのがミクロネシア」

「混血がより複雑化したのがメラネシア」

だが共通するのはカヌー文化であり、ラピタ人を先祖に持つことだった。言い方を変えると、カヌー文化こそが多様な太平洋世界を繋ぐ、アイデンティティなのであった。

メラネシアであるここフィジーは特に、太平洋世界の十字路的な場所であり、カヌー大航海時代以来、人種のるつぼとなっていた。定住化して久しい近代に入ってもそれは進んだ。ビチレブ島では人口半分がインド人である。実際ヒンドゥー教寺院も目に付いた。イギリス統治時代、サトウキビ刈りの労働力としてインド移民が大量に流入したが、その末裔たちが国民の半数を占めているのだ。ここカンダブ島にはインド系はいないが、同じメラネシア系でも、村、家族、個人ごとに顔つきや体型が違っているのだった。

ぼくは想う。全ては木星サイズでも、月サイズでもなく、この等身大の地球だからこその結果である。その中には植民地支配があったり、太平洋戦争があったりという、悲劇の因果律も絡み合っていた。そして、これから先はどうなっていくのかとぼくは想う。どう進むべきなのか、どういう可能性があるのか、どうなっていくと面白いのか、あるいはどうなっていくと最悪なのかを、舌の上に残るカバの味とともに、ぼくは想った。

カンダブ島南海岸とハリケーン

南海岸に入りコンパスが西を指した。島の北側とは海の様相がガラッと変わった。北側は特に入江の佇まいが美しかったが、南側は洗いざらされたように鮮やかなブルーのリーフ内に点在する小島群が、心に響いた。それは体の軸に響くということでもあった。

実はカヤックとは腕で漕ぐのではなく、体軸で漕ぐものだ。まず頭の先からお尻まで、一本の軸が貫かれているとイメージする。そこを回転させ、腕はあくまでもその回転に付随したものとして使役する。その感覚を持つことによってパドリングは全身運動となり、いくら漕いでも腕の疲れをさほど感じなくなる。何年も、何万キロも漕いでいるとやがて、軸の中のさらに中心部分が、一つの器官になったかような意識が芽生える。ちょうどへその下あたりにそれが存在する。陸にいると忘れるが、海旅に出てしばらくすると、思い出す。敏感な軸は、敏感な心と同じだ。ぼくはその、物理的には存在しないが意識の中では確実に存在する軸点を通して波を感じ、風を感じ、自然と対話するのだ。あのフラッシュバックやフラッシュビヨンドも、そこを起点に起動する。

美しい海と交わる軸点。いつまでも立ち去りがたい気分にさせられた。それはこのブルーとより同化できているという証拠だ。海旅のスイッチが完全に入ったのだ。

熱帯のスコールがやって来た。雨水と海水の比重が違うことにより雨粒が浸透せずに弾かれる。海面で一斉に白い玉が転がる様、そいつを「真珠《パール》のカーペット」と呼ぶ。それが三〇分間ほど続いたあと、見事な虹が出た。パールとレインボー、まるで海からのプレゼントだった。だがそれは変化の予兆のようにも思えた。これまでやって来なかったスコールが、届けられたのだから。海の気が変わったのかも知れない。

この日に上陸した村では一家族だけが住んでいた。朽ち果てそうな木の桟橋から「大将」という感じの恰幅の良い四十代の男が、海上のぼくに手招きした。泊まってけよと。

驚いたことに、彼の納屋にはポリエチレン製のシーカヤックが十艇ほどあった。ニュージーランドから比較的近く、そこから客がやって来るとのこと。ニュージーの旅行会社と契約を結んでいて、彼らがカヤックを置いているのだった。秘境ツアーとして密かな人気があり、大将はそのガイド業で現金収入を得ているようだった。

つまりぼくと同業者だった。素晴らしいと思った。いくら自給自足の島だと言ってもこの時代、多少の現金収入は必要だ。だがそのために下手な開発の手を加えると、島は駄目になる。そのうち大型ホテル、レストラン、カジノと、なし崩し的に俗化してゆく。それは島の死だ。何一つ、一ミリたりとも元の自然を壊すことのない、シーカヤッキングのようなエコツーリズムこそが、現金収入としてふさわしいのだ。もしかしたらそれは先進国の人間であるぼくの勝手な意見かとも思ったが、お前は間違っていないと彼は言った。自然こそが島の財産であり、変な開発はごめんだ、と。

「ところで、オウムを見たか?」と大将は言った。この島には「クリムゾン・シャイニング・

パロット」という名のオウムや「カンダブミツスイ」という名の小鳥、また数種のハトなど、固有種がいるらしい。特に島の東部に多いようだ。それに加えてサンゴの種類の豊富さ、魚影の濃さなどを自慢した。それも、開発の手が進むとあっと言う間に絶えるだろうと言う。そうなるとエコツーリズムの上客は来なくなり、客層が悪化する。

「ここは最高の島だぜ、日本人のお客さんも連れてきてくれよ」

夕陽が沈む頃、別の村に預けた子供を迎えにいくから留守番していてくれと彼は言い、奥さんと一緒に船外機付きボートをすっ飛ばして出ていった。一人になった。縁側のようなウッドデッキの床に寝そべり、空を眺めた。満月だった。月明かりが海面を照らし、柔らかい一本の道筋を描き始めた。音楽を感じさせるメロウなタッチの光が揺らめいていた。ぼくはiPodを持って来ていることを思い出した。イヤホンでジャズやテクノを聴く。久しぶりの人工的なものに拒絶反応を示すかと思ったが、逆だった。身体の軸に残る海のゆらぎと音楽のゆらぎがしばし同調した。音符一粒一粒がさっきのスコールの雨粒のように感じられた。海面を転がるような音の美しさに聴き入っていると、疲れからか、眠くなりうとうとし始めた。そのうちどっちが音楽でどっちが海なのか、あるいはどっちが月なのかが分からなくなって、ふっと落ちた。月から虹のはしごが海に向かって掛けられていた。海から色とりどりの小魚たちが鯉の滝昇りのように進み、月の中へと吸い込まれてゆく。ひと呼吸置いて次に、色とりどりのサンゴ片となって月から飛び出し、海の中へと帰っていった。

そんな夢を見た。この島は魚もサンゴも豊かだという意味だろうか。

帰って来た大将は言った。

「どうやら二、三日後にハリケーンが来るらしいぜ」

彼らは、サイクロンのことをハリケーンと呼ぶらしかった。

現実に引き戻された。


翌日も、その青が心に染み渡るかのような、美しい海を進んだ。嵐の予兆はまるでなかったが、大気の状態が不安定になっているのか、午後から何度もスコールに見舞われた。

次に訪れたのは「モクイシャ」という名の村だった。

「ハリケーンが来るからしばらくうちに泊まっていきなさい」と村の長が、温かく迎え入れてくれた。ぼくはお言葉に甘えた。

結局この村には一週間ほど居候させてもらった。

人口三〇〇人以上が住む、比較的大きな村だった。特に五～一〇歳くらいの子供が多かった。彼らはぼくになつき、ぼくは彼らの子守役をした。彼らが遊びに出払ったあとは、女性たちの、石蒸し焼き料理（ウム）の手伝いをして過ごした。本当にハリケーンが来るのかといぶかるほど村人たちは平然としていた。何も対策はしなかった。

ハリケーンはやって来た。

過ぎ去るまでの数日間、猛烈な風雨が村を襲い、木々を激しく揺らした。ぼくは村長の家族とともに、家の中に引きこもっていた。ときおり窓を開け空を見上げると、軒下なのに目薬のように雨粒が目に入ってきた。真っ黒な雲が、猛スピードで、雨の玉を落としながら走っているのだった。音もすさまじかった。海岸から数百メートル離れた家でも、まるで巨人がリーフの基盤に張り手を見舞うかのような、うねりの轟音を響かせていた。大地の揺れだけがない地震のようだった。

「まあ、このくらいなら大丈夫だ」と村人たちは変わらず平然としていた。北風だから大丈夫だ、と。島の南側であるこの村はちょうど山に遮られ、風裏になるのだった。ただ島の北側では被害が出ているかも知れない。ぼくはナイコロコロ村など北海岸の村人たちの無事を祈った。

太古へと繋がる儀式

ハリケーンが抜けて快晴が戻ったが、強風と荒れた海はしばらく落ち着いてくれなかった。ぼくは子供たち五人と一緒に、村を見て回った。

特に被害はなかったようだ。

ほっとしたぼくらはその足で、田んぼの畦のような道を歩き、様子見がてら隣村に遊びにいった。彼らの親戚が住んでいるらしい。もっとも、島民全員が親戚のようなものだが……。すぐに着くかと思ったが、急坂や藪を抜け、一時間以上歩いてやっと到着した。

隣村の暮らしも島の典型そのもので、自給自足で成り立っていた。どの島民も「プランテーション」という言葉を使うが、一部を除いてただ自生しているものを採集しているだけにしか見えなかった。キャッサバ、パンの木、バナナ、タロイモなど、野菜や果物は山に行けばあり、魚やカニは海に行けば捕れる。肉類はそこらを歩く牛や豚やニワトリだ。

行き帰りの道中、子供たちは木に登って実を採ったり、雑草を引っこ抜いてかじったり、見たこともない粘ついた草の実をなめたりした。それがおやつ代わりなのだった。

子供だと侮っていたが、彼らはこの島の植物について、恐ろしいまでに何でも知っていた。ぼくが指さす植物すべて、「あれはお腹が痛いときに煎じて飲むと効くけれどまずい」「あれは皮膚に黴菌《ばいきん》が入ったときに直接エキスを塗り込むやつ」など、意を得た答えが返ってきた。

なぜ分かるのかと問う。父ちゃん母ちゃん、じいちゃんばあちゃんから教わったからだと答える。ぼくは思った。毎日、テレビやゲームに食い入るように没頭する代わりに島の自然を見ているわけだから、それは当然のことなのかも知れない。

彼らは「それがどうした」という顔をする。だがぼくはここに、この島の一つの秘密があるように思えた。太古の時代から先祖代々伝わってきた、変わることのない生き方の知恵。その片鱗が植物の知識なのかも、と。

「きみらは、大人になったら何になりたいんだい？」

そう聞くと、パイロットやラグビー選手など、普通の答えを口にした。そしていつかこの島を出て外国で暮らしたい、と言った。

「日本に行ったらあんたの家に泊まらせてくれるかい？」

「ああいいとも、ぜひ遊びに来ておくれ」

モクイシャ村に戻り夕食後、カバが始まった。ここでも毎晩カバの宴が開かれた。いつも最初の一口を含むたび、ピリッとくる舌の感触とともに、原初的な感覚に浸った。酩酊までにはほど遠いが、時間感覚が緩んでくるたびに、ぼくの心も浮遊する。

まったく彼らは、自立している。教会など援助で建てられた施設もあるが、もしそんなものがなくてもいざとなったら平気で生きていけるだろう。F1種や遺伝子組み換えや食品添加物などの心配もさらさらない。津波が来たら山に逃げればいい。おそらく何千年でも大丈夫だろう。よそ者が邪魔さえしなければ生きていける。いつまでも持続可能な生き方なのだ。一方ぼくらは便利なものに囲まれているけれど、生きる全てを金で他者にアウトソーシングしていて、ひとたび社会の基盤が崩れると、もう生きていけない。

カバは三〇〇〇年、あるいはもっと古い伝統へと繋がる儀式。直で受け継がれてきたそれは、島の生き方を象徴化している。

彼らのタロイモ、キャッサバ、パンの木などは元来、カヌーで渡って来た先祖が入植とともに持ち込んだ植物だ。それらが幾世代もかけて土地に根付き、やがて魂を宿した。それ以来、植物はすべて精霊を有し、人々はその声に従って利用してきた。この島の風、気脈や水脈、太陽の運行軌道、気温、降水量、地形、日当たり、土壌の微生物、蜂や昆虫の媒介、全てを知り尽くした上で生かしている。だから一見ほっぽらかしのように見えても、それが最も理にかなっているのだ。自然の知恵というものは、一代、二代では醸造されない。確かに彼らは定住していて、今やカヌーで外洋を渡ることはない。だが世代間で培われた、サヴァイブする知恵という意味では、同等なのではなかろうか。一〇〇年前にキリスト教に改宗し、もはやアニミズムを信仰してはいない。が、同時に太平洋大航海時代のエッセンスが切れたわけでもない。この生活様式全体が、先祖からの直接的繋がりを表現しているのだから。

中でも植物への関わり方には特に古い精神が宿っている。カバはその精神を身体に取り込む儀式なのだ。困ったら助け合う利他の心、島の自然や生態系への深い知識、年上を敬い子供を大切にする愛情、最小限のエネルギーでの生活、そしてぼくのような変な客人への寛容の精神。すべてがそこに内包されている。

地味だが、それは島でサヴァイブする最善の方法だった。

ここの子供たちもやがて青年となり、自己実現を求め外へと出てゆくだろう。でもいつかこの島のよさが分かる日も来る。「パーマカルチャー」「サステイナブル」「エコビレッジ」「オーガニック」といった、先進国の最先端のキーワードが全てここにあると知る時が、きっと来る。最低限のものは全て揃っていて、いざとなれば戻ってくればいいという保証がある。現代人は先々の目に見えない不安によって支配されている。この貯金では老後が心配だとか、この情報を取り入れなきゃ時代に取り残されてしまうだとか、いつも要らぬ心配にさいなまれ無理に忙しくしている。だけど、ここではその心配はない。だから別世界に行っても、なんとかなるさという心の余裕を持ちながら、勝負できる。

もしこの生活様式が下手な開発により、崩されなければの話だが。

ふと、ミクロネシア・マーシャル諸島のビキニ環礁での水爆実験で離島を余儀なくされ、未だに帰還できない島民たちのことを想像した。彼らもカンダブ島の人たちと似通った、心優しい人たちだったのだろう。きっと両者とも、太平洋島嶼民の典型なのだ。人知れず生き、愛の中に溶け消えてゆくような人々。

だけどその愛の対象にすら戻ることもできない、悲しい人々もいる。

環太平洋の合わせ鏡

ハリケーンの数日後、すっかり晴れ渡った朝、出艇した。山々の緑と、海・空の青とのコントラストが、まぶしいくらい鮮やかだった。風もせいぜい毎秒四〜五メートルほどと、弱まっている。だが沖のリーフに強烈にぶち当たるうねりを目前に見て、水の惑星の鼓動の、圧倒的なパワーを実感した。

とりあえず当分は、環礁内の安全地帯が続く内側に沿って漕ぎ進む。

時折沖のリーフを越えたうねりが身体を包む。一週間ぶりの漕ぎだが、悪くはなかった。旅になじみ、すっかり海モードの身体になっているのだった。だが急に一人になり、さみしかった。しばらく大所帯で生活したその感覚が尾を引いているのか、あるいは、旅も終わりに近づいているからか。ふわりとしたうねりの浮遊感を味わいながら、リズムに合わせ、この二週間のことを回想する。さまざまな記憶の断片はやがて思考の中で一つのまとまりとなって、うねりのように回転運動となる。それは太古へと延びる太平洋島嶼文化のエッセンス、最も古い水脈との繋がりについての考察。

翻ってぼくら日本人も、そんなものを持っているだろうか？　奈良や京都と言っても、神道や仏教と言っても、何千年も前からのスタイルを直に現在まで引き継いでいるかと言ったら、違う。ダイレクトなものはもうないのかも知れない。

いや待てよ、カヌー文化はどうだろう。

日本も太平洋上の島嶼国だ。群島のことを俗に「ネシア」とも言うが、ポリネシアやメラネシアと並んでJapan + Nesia = Japonesia（ヤポネシア）と称されることもある。

日本列島でカヌーの一形態であるシーカヤックに興じるぼくもまた無意識のうちに「太平洋性」のようなものを求めているのかも知れない。奈良の神社仏閣を巡る果てに、日本文化の核心は自然の野生性にあると気づき、やがて海という野生に行き着いたのも、深いところで繋がっているのかも知れない。カヌー大航海時代の末裔であるカンダブ島の住民は、その生活様式全体をもって、先祖からの直接的繋がりを表現している。一方ぼくは一旦途切れた繋がりを再び求めようとしてカヌーに興じているのかも知れない。両者を合わせ鏡のように見立てるとき、環太平洋的な繋がりとして呼応する。改めて、カンダブ島の人たちに親近感が湧く。

日本列島のカヌー文化、そして海文化。

太古、確かにそれは存在した。もともとぼくらはカヌーに乗ってやって来た者たちの末裔だ。縄文、いや旧石器時代からの土地ごとの神話的断片が編纂された「古事記」には、「枯野（カノー）」と呼ばれる小舟に乗った人々の記述もある。カノーとはカヌーのことだ。有史後、大和朝廷の律令制度は、百姓を大御宝（おおみたから）と称し、クニの中心に据えた。一方、海人はどちらかと言うと周縁に弾かれた民となった。しかし海人たちは力強く生き、近世に至るまで独自の優れた文化を生み出してきた。だが戦後から今に至り、それも徐々に消え去っていった。美しい海は埋め立てられ、白砂青松の渚は大方コンクリートで護岸化されてしまった。だが、海がなくなったわけではない。

むしろあらゆる場所で、今でも太古と同じ風が吹き、同じ波は立っている。

その場所で起こる特徴的な潮の流れ、波、風を、裸の感性で捉えること。たったそれだけでも何千年、何万年も前に生きた旧石器人や縄文人ら、この列島を縦横無尽に渡っていった海人たちと同じ感覚を共有することになりはしまいか。

日本の海文化にはものすごく古い痕跡が残っている。職業柄、ぼくも極めて古いものと日常的に触れていると言える。紀伊半島の海は、神話の発生起源的な場所だ。目と鼻の先の淡路島周辺海域にはイザナギノミコトとイザナミノミコトが愛し合い、列島の島々を生み出していったという神話がある。それはおそらく、一万年くらい前のその地の海人が、日々潮流を感じる中で醸造した伝承の断片だろう。ぼくは日常的にそいつに触れることもできる。和歌山・湯浅湾の鷹島には、五～六〇〇〇年前に列島を縦横無尽に渡り交易する縄文人がいた。その鷹島へは毎日でも渡ってみることができる。太平洋世界の現地人はカヌーを別名「ワカ」とも呼ぶが、太平洋に面した紀伊半島南部は「ワカ山」だ。もしかしたらそれは紀州の海洋系縄文人とラピタ人との繋がりを示唆しているのかも知れない。その正誤などどっちでもいいが、少なくとも和歌山でシーカヤックに興じるぼくは、近現代で途切れてしまった古代からのワカ＝カヌー文化のミッシング・リンクを繋ぎ、発展させるバトンを持っていることは確かである。

ぼくはうねりに包まれつつ、紀州の海のことを思い出していた。ちょっとした郷愁にかられた。

水の惑星「地球」の鼓動

夕方前に上陸。海辺でテントを張ったが、浜は狭く、波の間際で眠った。太平洋のビートに抱かれて眠った。太平洋の轟きを無意識裡に刻み込む睡眠学習のような眠りだった。

翌日もうねりは落ちなかった。島の最西端に近づくにつれてところどころ沖のリーフが切れ、水路になった狭間から直接、外洋からの大うねりが入り始めた。

やがて一つの岬を越えると、沖のリーフは完全に途切れた。標高すら感じさせる、山脈のようなうねりが全身を包み込み、次々過ぎ去っていく。汀《てい》線で「ダンパー」と呼ばれる巻き波となって、自らのエネルギーを解き放つ。燃え盛る炎のような破裂音を立てて、一気呵成に炸裂する水塊、巻き込まれたらすべてが終わりだ。

二キロほど先に大きな岬が見える。それが島の最西端だ。

そこを目指す。

ダンパーを避けて沖を行く。だがそこでも海底の凹凸が複雑で、ところどころに暗礁や沈み根があるようだった。それは海の揺れで分かった。うねりの回転運動が干渉され、海面に乱れを起こすのだ。それはとてつもないエネルギーを内包しつつ、不気味に閉じていた。次の瞬間、均衡が破れ、襲いかかってくるような予兆を孕みつつ、閉じていた。だが、うねりはどんなに大きくても、閉じていればなんとかなる。開かれるとき破壊的になるのだ。ぼくは注意深く、閉じている点から点へと繋ぎ、一筋のラインを描く。常にエネルギーが解き放たれるのが波打ち際のダンパーだったが、時折、沖でも開かれることがあった。

「ブーマー」という現象だ。

海面下すれすれに隠れ岩が潜んでいる真上でそれは発生した。うねりの回転運動が妨げられ、鎌首をもたげたコブラのように水塊が立ち上がり、猛瀑布を伴って割れ、巨人のバックドロップのように海面に叩きつける。数メートル間際でそいつに遭遇すると、まるでサイクロンの精、地球の雄叫びが、顔前で開かれるような感覚に襲われた。鼓膜をつんざくバ行の炸裂音。やはり何百キロ何千キロもの海原を渡って来たうねりのパワーは、桁外れなのだった。その昔、アントニオ猪木がモハメド・アリと戦ったとき、アリの軽いジャブが頬をかすめただけでアリの実力の全貌が想起され、底知れぬ恐ろしさを感じたと言う。それと同じかどうかは分からないが、実はこんな波などほんの軽いジャブ、いや、それ以下にすぎないだろう。だけど鼻先をかすめた大波によって、その炸裂音のド迫力によって、地球という生き物の底力を垣間見たような気がして、頭がクラクラするのだった。

いよいよ岬の最難所に近づいてきた。外洋に面した「岬」とは、潮、波、風、うねりといったエネルギーが一点に集中する危険地帯であり、時に異界のような特別な空気感を放つ空間でもある。まるで「ヌシ」のような何者かが棲んでいるに違いないと錯覚せずにはいられない、強い海の生気を感じる場所だ。

緊張が高まる。

潮に乗りながら危険エリアに突入した。予想どおり、うねりと潮とが寄ってたかってケンカして、修羅場となっていた。地図上では、この岬の向こう側に入江がある。なんとかそこに辿り着かねば、ほかに上陸できる場所はない。やはりどの岬の難所の例にももれず、ここにもヌシのような奴が潜んでいるらしい。そう思わせるほど尻の下のうごめきが凄かった。あらゆる生物を超越した、圧倒的な生命力を連想させる、海のエネルギー。

物理的な怖さに加えて、腹の底からせり上がる、精神的な怖さ。

水の惑星が引き起こす、生々しいパワー。そいつがまた目前の沈み根で開かれ、鼓膜を破るかのような轟音に包まれた。過ぎ去ってもしばらく、ザワザワした音が耳の奥で回転していた。貝殻を耳に当てたときにも似た、吸い込まれるような音質。それは残響とともに、過去の記憶を運んで来るのだった。同時に、パドルを持つ手が縮こまるくらい怖くなった。こんなとき、多くの岬の難所では、本当に何者かが海面を割って出現したものだ。紀州・潮岬や高知・足摺岬のアカウミガメ、天草諸島のマイルカ、西表島パイミ岬のマンタ、北海道ノシャップ岬のアザラシ、ニュージーランド・カイコウラ岬のオットセイ……、海が活発に動く場所では、海洋生物も活性化するのだ。「怖いな、ここには本当に何かが潜んでいそうだ」そう思いながら進んでいると、突然海面を割って踊り出てきた海洋生物たち。瞬間、心臓が止まりそうなほど驚く。と同時に、海中には、「ヌシ」のような何者かが本当に潜んでいるに違いないと、ぼくは直観するのだった。奴らはきっと、そいつの「使い」なのだと。その「見える奴」の存在によって、そいつらの生々しい息遣いによって、「見えない奴」の存在感がより濃密になるのだった。そしてこの地球の、太平洋の、見えない野生世界の、無限の広がりに想いを馳せずにはいられないのだった。

なぜなら、きっとそれが、そいつの正体なのだから。

いつのまにか耳の奥に残ったザワザワ音も消えていた。現実に戻るや否や、頭上の高いところで波と波とがぶつかり合い、ピシッとムチのような音を立てた。まるで何者かの仕業のようだった。そいつの、近づくなという警告音のように思えた。怖くなった。

やはり止めておいたほうがよかったのか。

いや、もう戻ることはできない。腹を決めて、行くしかない。いや、むしろ、行きたい気持ちがとてつもなく強くなっていることに気づいた。ここを越えると、ぼくがこれからさらに目指すべきその先が、新たなる道筋が、きっと見えて来るような気がするのだった。

何度か複合波にカヤックごと飛ばされた。ハイスピード・ジッパー・クラポチスだ。クラポチスとは複合する三角波を現わす専門用語。その中でも、素早くしまるジッパーのように波が合わさる、特に強烈なやつをそう呼ぶ。そいつはカヤックなんぞ空に飛ばすくらいのパワーを持っている。なんとか転覆せずもちこたえた。ここでもし転覆してロール（復元するテクニック）も失敗したら間違いなく死ぬ。一つ一つの波に全神経を集中して対峙した。

ふっと緩やかなうねりとなって、あっけなくそれは終わった。なんとか抜け出せたのだった。難所の終わりはいつもあっけないものだ。

雄叫びを上げ、ガッツポーズを繰り返した。

最後まで気持ちを切らすことなく、閉じた点と点をラインとして結べたのだ。

上陸した入江の奥は波静かだった。

精も根も尽き果て、浜に大の字になった。

浜そのものが揺れていた。

さっき越えてきた岬が食らい続ける、太平洋の張り手。地響きのような轟音を伴った、海と陸との果たし合い。そのせいで砂浜全体が揺れていた。揺れた数秒後に爆音が轟く。音速の方が若干遅いのか。いや先に届いた音に遅れて揺れが来るのかも知れない。

まるで地球の雄叫びのキャッチボールだ。なんというエネルギー。

まったく、人間のちっぽけな身体からすると、この太平洋は宇宙と同じく無限の世界だ。そして水の惑星・ガイアとは、すべての生物を超越した生き物だ。そう思った瞬間、ろうそくの炎のように脳の奥で何かが揺らめいた。そして、あの、宇宙から見た青く美しい太平洋の姿が、鮮やかに脳裏に描かれたのだった。いつも海に出る際に思い描く、地球儀やグーグルアースで見る、タヒチあたりを中心にした、全ての大陸が消えるその球の姿を。

それは有限でもあり無限でもある、水の惑星「地球」の象徴。

思えばぼくの冒険は終始そこに根ざしたものだった。これまでも、そしてこれからも。

ここカンダブ島の人たちの暮らしは、直接先祖から繋がる太平洋の有限性の、美しい体現だった。一方ぼくの冒険は感覚における無限性を指向しているようだった。ぼくは「太平洋性」という合わせ鏡で両者を考えた。ふと「元気でな、死ぬなよ」と見送ってくれた、村人たちのことを思い出す。まるで生き別れた兄弟のような……。南太平洋という宇宙空間に浮かぶ星、カンダブ島。びっくりするほど優しい人たちの住む星だった。

第二話

南インド

地球を描く、体感アート

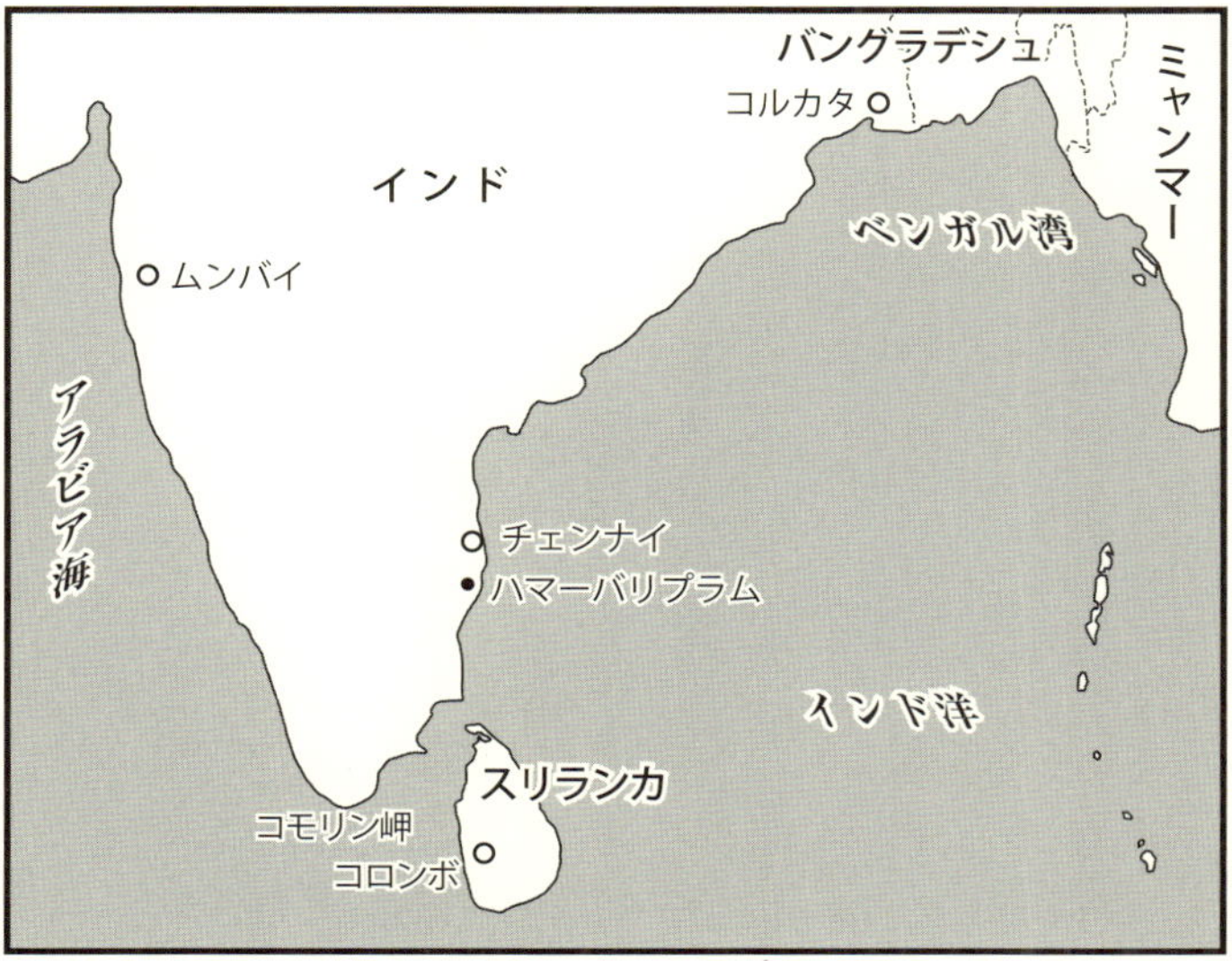

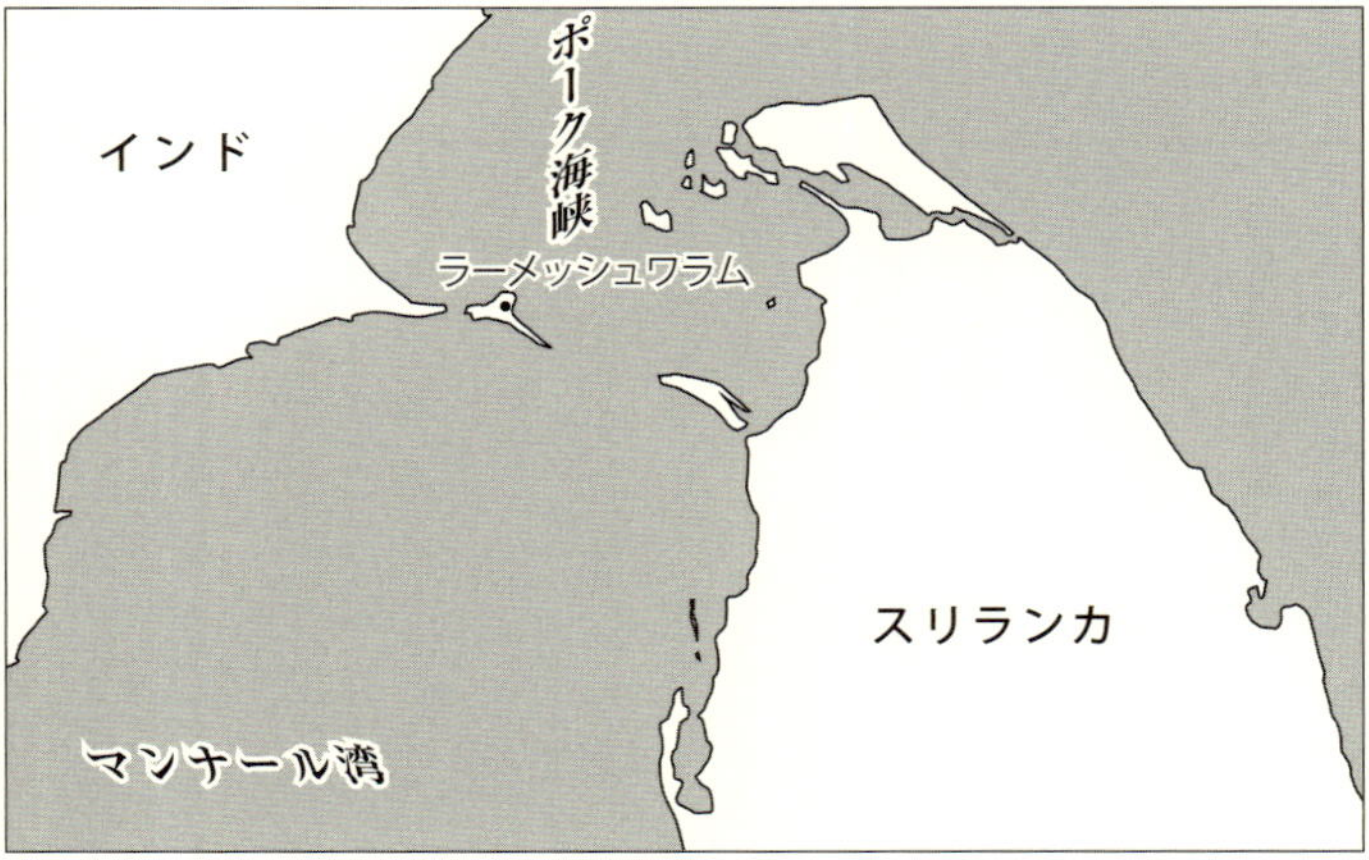

インド
ポーク海峡
ラーメッシュワラム
スリランカ
マンナール湾

メロウな海と、アジア・モンスーンの風

緩やかに丸みを帯びる水平線。そのズレのない見事な対称を描く一本のラインを見つめていると、地球とは自ら回転する球体なのだと実感する。海上から見る朝日や夕陽とは、向こうが昇り下りするのではなく、こちらが回転することによって招き入れ、見送ってゆくものなのだと、そう改めて思う。

南インド、ラーメッシュワラムの海。

一月三日、早朝。

淡いピンクと紫の雲がゆったりと動く空の下、ラーマナータスワーミ寺院前の沐浴場では、すでにおびただしい数の人々が沐浴していた。ヒンヤリした空気に包まれた海辺。男たちは上半身裸で、女たちはサリーのままだった。男たちの褐色の肌と、女たちの赤、ターコイズ、ピンクなど色とりどりのサリーの色合いとがマッチし、夜明け前の幻想的な雰囲気に彩りを添える。海沿いの遊歩道にはまだ眠っている者がいた。地方から来た人たちだろう。昼夜バスで走ってきて、午前二時とか三時とか、変な時間に到着したのだ。薄手のブランケットをぐるぐる巻きにして道端で眠っているので、ミイラでも転がっているように見えてしまう。そこを大勢の人々が行き交う。よく誰も踏んづけてしまわないものだと思う。

ラーメッシュワラムはヒンドゥー教における四大巡礼地の一つだ。ヒンドゥー教徒の間では聖地での沐浴によって、現世でのすべての罪穢《けが》れを落とすことができると信じられている。ガンジ

ス川沿いのベナレスが有名だが、この地にもインド各地から大勢の巡礼者が集う。ましてや正月だ。人々でごった返していた。

ミイラ状の睡眠者が五体ほど並ぶそのすぐ横に一〇メートル四方くらいの踊り場らしき空間があった。糞尿がないか確かめる。何万人という人間が訪れるにもかかわらず公衆トイレが皆無なので、人々はその辺で適当に用を足す。だから下手な場所で道具を広げると、糞尿にまみれてしまうことになる。とりあえず目視でも嗅覚でも大丈夫だったので、そこでフォールディングカヤックを組み立てることにした。バックパックを下ろしてジッパーを開け、船体ポールと船体布を取り出し、地面に並べた。

眠そうな顔をした一〇歳くらいの少年が不思議そうに、一体何が始まるのかと見守っている。カヤックを組み始めると、そばでやたらと哲学的な表情で海を見つめていたおやじも、寄ってくる。その二人に加えて、通りすがりの人々も興味津々、ぼくを取り囲んだ。みるみるうちに黒い顔の男ばかりが三〇人くらい集まる。少年と哲学者顔のおやじが手伝ってくれた。だが、めちゃくちゃだった。ポールとポールをジョイントする時の「パチッ」という音が楽しいようで、でたらめに組み立てていく。「邪魔しないでくれよ」と言うわけにもいかない。聖地に漂うピースフルな空気感を壊したくない。だけどそのたびに再度組み直さなければいけないので、いつもの倍の時間がかかった。二〇分で組み上がるところが、四〇分ほどかかってやっと完成した。

人々は不思議そうな顔をしていた。まさかバックパックがカヤックに変身するとは思えなかったようだ。

「なんだ、この細いボートは?」という表情を浮かべた。

最良の旅ツールであるにもかかわらず、カヤックで世界を旅する者はまだまだ少ない。むしろ存在すら知られていないことが多い。全員が、その美しい形状への感嘆と、何のためにわざわざこんなものを日本からインドまで持って来たのだ、という不可解さとが混じり合った、奇妙な表情をした。哲学者顔のおやじは言った。

「何のためにこんなものを?　ところでこれ、いくらするんだ?」

いつでもどこでも聞かれる質問。とりあえず沐浴と瞑想のためだと答えた。また、日本とインドでは物価が違う。本当の値段を言うと驚かれるので、いつものように適当な値段を言った。それが、心に引っかかる。カヤック旅の価値が世界に浸透し、いちいち面倒な説明をしなくても納得してもらえる時代がいつ来るのだろう?　本当は哲学の国のインド人にこそ分かってもらえそうなものだと思うのだが。まあいい、逆にぼくは彼ら一人一人の想いを知るよしもないのだし、ぼくはぼくのやることをやるだけだ。

みんなに「ありがとう」と礼を言い、目の前の小さな浜から出艇した。

日の出にはなんとか間に合ったようだ。

太陽は海を介して地球へと迎え入れられた。層積雲の切れ目から、月明かりのような柔らかいタッチで、海面を照らし始める。その瞬間「おおーっ」という、沐浴する群衆の声が、海面を振動させるように湧き起こった。丸みを帯びた水平線、頭だけちょこんと出たところからゆっくりと全貌を現し始める太陽。

海に出ると感覚が変わる。

陸上とはまた別の論理が展開される世界。何より風、波、潮の流れといった自然現象にチューニングを合わせる必要がある。そのためにまずは深呼吸し、皮膚を転がる風に意識を集中する。体の中心軸でパドリングし、体幹と内耳で波の揺れを捉え、潮風の匂いを嗅ぎ分ける。波打ち際の潮騒と、遙か遠くの舟のエンジン音との両方に、耳を澄ませる。

そして、水平線を見る。

ただ見る、と言うより、見るという行為を意識してじっくり見る。朝日が海と空に描くその色合いを形容する言葉を頭の中で探す。当てはまるものが全くないことに気づく。ありえない取り合わせの色使いだからだ。水平線を境にして上下で色合いが変わる。海がオレンジグレーで空がパープルグレー。左の雲が銀ピンク、右から三番目の雲がいぶし銀のゴールド、それ以外はピンクグレー。海面は銀ピンクがかったダークグリーン……。

当てはまる色彩用語はない。そのありえない色の組み合わせを美しいと思ったとき、ぼくの心の中で鳴り響く音を感じた。演奏会場ナダラ・ガナ・サバで、大和川で、アディヤール川の水面で見て感じた、あの色と音を。

全身の細胞が沸き立つ感動を覚えた。

「ああ、やっぱりこれだったのか」

ふわりと身体を包み込む波、メロウな音楽を感じさせる海。

そしていつものように独り言を言う。

「ああ、この風か」

アジア・モンスーンの風だった。

人と自然の幸福な関係

このインドへの旅の目的は、カヤックを漕ぎ、浴びるようにインド音楽を聴くことだった。その両者を掛け合わせてみて、何が出てくるか、何が飛び散るか、そこのところをじっくり見てみたかった。

音楽を聴いたり演奏したりすることと、海を全身で感じることとの間には、深い繋がりがある。ぼくは長い間そう思っていた。海に出るたびにそう感じていた。

そもそも、海の波と音楽のリズムは、驚くほど似通った点がある。むしろ「両者に通じ合う要素など微塵もない、全く相反する取り合わせだ」と言うほうが難しい。

そこに何らかの可能性があるのではないか?

ぼくは以前から、そいつを深く探ってみたいと思っていた。なぜなら、そこに人と自然とをよりよく結びつけるヒントのようなものが、隠されていると思うからだ。

たとえば、文化的な可能性とか。

たとえば、昔からサーフィン文化と音楽とは切り離せないものだった。表向きはファッション的要素が目立つが、そもそもは波うねりを体感することと音楽のリズムとの深い繋がりを意識したところから、自然発生的に始まったものだ。今後その蜜月はますます深まってゆき、サーフィンの持つ大いなる魅力の一要因となるだろう。なぜならそこには人と自然との、幸福な関係性が内包されているからである。

もちろんシーカヤックも同じだ。

その可能性を探ること。

昨今、多くの人々が健康はもちろんのこと、さらに掘り下げて、心身のバランスや自然との関わり方について、関心を抱くようになった。世界保健機関（ＷＨＯ）が定義する健康の概念には、「肉体的」「精神的」「社会的」要因と合わせて、来たる二十一世紀という時代からの要請として、一九九九年に新たに「霊的」要因が提示されている。それはオカルトや超自然を言うのではなく、心身という「内的世界」と、自然や社会や世界という「外的世界」との「バランスと調和」について言及しているのである。換言すると、広い意味での「共生」への指向性である。ヨガや瞑想、リラクゼーション、マインドフルネスなどの価値が、社会にかなり浸透してきたのもそんな時代背景の現れだ。フィジカルの奥深い可能性と、外的世界との繋がり。そこでは音楽と海こそが、一つの中心的役割を担う存在だと、ぼくは思っている。

不必要にお金を使うことなく、誰しもが生まれた時から平等に授かった身体感覚を向上させ、人生をよきものとする方法。能力に個人差はあれど、その機能性はほぼ同じだという素晴らしさ。二十一世紀に入り物質的な豊かさの追求が頭打ちとなったことが露呈した昨今、お金やモノをうなるほど持っていても、心身と外的世界とのいわゆる（WHOの言う）「霊的」バランスを欠いた者は、確かに貧しく映る。逆に金持ちではなくとも、深く自分を知り世界と調和する者はどこまでも豊かだ。モノではない、クオリティ・オブ・ライフの追求。そういう文脈でもぼくのようなシーカヤックやアウトドアガイド業の存在意義は高まっているし、世の中の誰よりも率先して新しい境地を切り開くべき立場でもある。

音楽とは媒介のようなもの。そいつを介して、海と人、自然と人間とは、よりよい関係性を結ぶことができる。あるいはこうも言える。海を仲立ちとすることによって、人と音楽は、分かちがたい生涯の伴侶となる。さらには音楽と海を深く愛することによって、人と人とを幸福に結びつける可能性も有している。

全ては直観だが、だからこそ、そこを掘り下げて追求したい。きっとそこには大きな意味での「共生」に繋がる、とても面白いものが隠されている。その動機は職業意識から来るものかも知れない。アウトドア活動の一ジャンルという小さな枠を食い破って、新たな文化的価値へと広げてゆく転換点の探求。海を旅することによってマルチメディア受信体のように鋭敏になる身体感覚の、創造的応用。あるいはぼくの冒険観に根ざすものかも知れない。世界をシーカヤックで海旅するとき実感する、地球の物理的有限性と、一個人の感覚の無限性。物理的な前人未踏の地はなくなった今、内なる世界の探求こそが新しい時代の冒険と言って間違いないだろう。

だが、どういうふうにして？

いつからか、その大きなヒントがアフリカ、そしてもう一つインドにあると思うようになった。なぜなら「自然と人との関わり合い」について、両者は世界でも最も古い、文化的地層と繋がっているからだ（最も古いものが最も新しいとも言いうる。なぜならそこが全ての創始だから）。そして海を旅する中でぼくが経験してきたちょっとぶっ飛んだ、アヴァンギャルドな感覚をも受け止めてくれる懐の深さを持っている文化だと思えるからだった。

ということで、まずはインドに来てみたのだった。

音が見える世界とラーガ

さて、その旅の話をする前に、カヤック冒険者としての音に対する感覚について、あるいは音楽観について、ちょっと突っ込んだ大切な話をしておきたい。

まず、カヤックとは極めて音楽的な乗り物、と言うより楽器のようなものだとぼくは思っている。別の言い方をすると、カヤックとは「自然の息吹、地球の鼓動」に対して敏感な、よく調弦された楽器のような乗り物であり、そいつで海をゆくことは極めて音楽的な体験だと言える。特に、よいトリップができたとき、自分はよき演奏者、あるいは指揮者になったような喜びがある。

どういうことか？

たとえば海に出てまず、静かに風を感じ、波音を聞いてみる。そして、今なぜこの風が吹いているのか、なぜこの雲が湧き立っているのか、なぜこの音が生じているのかを、推察する。全ての現象は必ず何らかの意味を持っている。感覚と知識と洞察力を駆使して現象の背後にある「気象メカニズム」を読むのだ。さらに、ここが結構肝心なのだが、それを元に頭の中で北半球全体の天気図を描く。高気圧と低気圧の位置関係、ヘクトパスカルの数値、等圧線の間隔、台風や熱帯低気圧の有無、などなどを想像してみるのだ。

たとえば夏、もし沖縄あたりに台風が存在すると、数日後、和歌山の沿岸にもそこから移動してきたうねりが届けられる。その第一波がやって来たとき、磯を洗う潮騒の音色が微妙に変わる。もしかしたらその音かも知れない、そう推測してみる（台風のうねりとは、数千キロ離れた場所にまで届けられる自然現象）。

あるいは春や秋、高気圧の中心がやや東側に動くと、これまで吹いていた西風が北寄りから南寄りに変わる。そして一番高い空に巻雲が生じる。もしかしたらその影響による今現在の風と雲の変化かも知れない、そう推測してみる。

毎時間、毎分、毎秒……、刻一刻と移り変わる気象を推理し、それに基づいてコース取りやスピードなどを上手く配分しながら、一日じっくりと海を周遊する。

それがぴたりと当てはまったとき、まさに音楽となるのだ。

風、波、うねり、潮、すべての自然現象が大きく連動して、一つのハーモニーを描く。あるいは一個一個の現象がリズムやメロディだとすると、それらが一つにまとまってグルーヴとなる。シンフォニーとなる。そして、その中を進む自分がいる。

自然とじっくり対話し、その推察がぴたりと当てはまったとき。雲が湧き風が流れ波が起こって潮走る、その一連の動きを読み、まさしく一体化できたとき。それはまるでぼくが演奏する一つの楽曲のようなもの、ぼくがタクトを振ることによって機能するオーケストラのようなものと化す瞬間が訪れる。「我思う、ゆえに我あり」ではなく、「我演奏す、ゆえに世界あり」という感覚だ。実際はもちろん海が奏でているのだが、あえて感覚世界を表現すると、そうなる。それは著しく傲慢に聞こえるかも知れない。実際は逆である。海は人間の傲慢を許すほど甘くない。海とシンクロしたその「我」とは、皮相な自我や自意識というエゴの領域を越えた、もっと大きな、いや、限りなくちっぽけで豊かな「自己」なのだ。別の表現をすると、地球が秘密の歌声をぼくに聞かせてくれる瞬間、とでも言おうか。謙虚な気持ちで自然に触れ、調和したところからしか生まれない感覚だ。ぼくはそれを愛している。だから瞬間々々を大切にする。

長い海旅をするとその実感はより深まる。過去にシーカヤックで日本一周航海したときのこと。旅に出たばかりの頃はただ進むだけで精一杯だったが、それが一か月、二か月、三か月と時が経つにつれ、次第に身体が海になじんできた。日中に八時間〜十時間、四〇〜五〇キロほど漕ぎ進み、夜は上陸した浜にテントを張って寝る。そんな毎日を繰り返していた。夕刻、陸に上がってからもしばらくは海に揺られる感覚が残った。そんなとき、音楽を聴くことは最大の喜びだった。

身体の芯に刻まれた波うねりと楽曲のうねるようなグルーヴとが同調するのだ。「グルーヴ」とは、一つ一つのリズムがまとまってできた大きなうねりのような一体感のことを言う。ジャズやファンクといった黒人ポピュラー音楽から始まった用語だが、その語源は、海のうねりから来ている。

海と黒人音楽、両者は、とてもよく似ている。

旅の中でも実際、ブラック・ミュージックが最も心と身体に染みた。たとえばジャズ。ドラムスとベースが紡ぎ出すうねるような「グルーヴ」に乗って、ピアノやサックス、ヴィブラフォンといった楽器のソロが、きらびやかに展開する。そこにぼくの、ついさっきまで身を置いていた海の動的記憶が重なるのだ。一つの大きなうねりに乗るさまざまな楽器の音色、それはぼくがさっきまで向き合っていた自然現象を、心の中から引っ張り出す。たとえばピアノ、太陽光線が反射する海面をきらきら優雅に踊る、きめ細やかな色彩。アルトサックス、潮の満ちきった夕凪の海面の、なめらかな肌触り。ヴィブラフォン、透明感溢れる海面下で、クールに転がり流れる潮。トランペット、小魚を追いたてる、大型魚のボイル。

そんな具合に、まるで音に色が見え、音に風景の広がりを覚え、音に肌触りを感じるかのような精神生理反応。いわば、音楽という触媒を介すことによってぼくの体幹に塗り込められた海の動的記憶が、心の中で色鮮やかに飛び散るのだった。

それはいつものことだった。

もうちょっとぶっ飛んだ感覚に陥ることもあった。

日本一周の海旅も何か月目かを過ぎ、もうすっかり一種の海洋生物と化したようなある日、それは嵐の夜だった。ジャズアルトサックス奏者キャノンボール・アダレーの「アラバマに星落ちて」を聴いていて、なぜかとめどなく涙が流れたのだった。

一聴、普通の名演なのだが。

キャノンボール・アダレーはまさに黒人特有の濃いグルーヴ感が魅力のジャズマンだ。その細かいフレーズ一つ一つが本当に波のようなのだ。そして波の破片がまとまり、曲そのものが、セットとなったうねりのような大きな連続曲線的図形を描く。

その日、午後から急に海が荒れてきた。上空に寒気が入り大気の状態が不安定になったのだった。外洋エリアから必死に漕ぎ、何とか安全な浜まで逃げおおせた。海水浴場のコンクリの建物の陰にテントを張る。

「危なかったぜ、だけどここなら大丈夫だ」

ほっとして安堵感を噛みしめる。テント内に寝そべり、ヘッドフォンでキャノンボール・アダレーのアルバムを聴き始めた。外では大雨が降り、雷が轟いていた。ヘッドフォンをずらして嵐の音を背景とした演奏に耳を傾ける。こうすると雨風の音と演奏とが混じり合い、心地よかったのだ。彼のプレイには深い優しさがある。「外は嵐でもここにいれば安心だ」と勇気づけてくれるものがある。アルバムが進行し、「アラバマに星落ちて」に差しかかった頃、不思議な感覚が訪れた。

広大な海を旅する自分とは、プランクトンのようにちっぽけな存在だと思え、ふと遙か遠い原初の海に誕生した一個の細胞になったかのような、不可思議な精神状態に陥ったのだった。嵐の轟音が雷雨の降り注ぐ三六億年前の地球を表現し、生命感に満ちかつ人間的な包容力あふれる温かなサックスプレイが、羊水のような海中を想起させたのだった。ぼくの内奥に刻まれた海感覚とシンクロして。だが想起と言うより、もっとリアルな手応えを帯びていた。

原初の地球の原初の海。そこに誕生した、一つの微小な生命。そいつは本当にちっぽけで孤独ではかないものであるが、茫漠たる海を旅するぼくも同じようにちっぽけで孤独ではかない存在だ。同じ生命として何ら変わることはない。そう思うまでもなくぼくはそいつと同化していた。演奏は続く。瞬間的なひらめきによる即興がつぎつぎと展開されるとき、まるで一つ一つのフレーズが、原初の生命体から系統進化したあらゆる生き物のように見えてきた。センス溢れる即興的直感が、たくさんの種を生み出す母胎だった。アルトのソロに続くウィントン・ケリーのピアノソロも秀逸だった。ひらめきの瞬間、演奏スピードが切り替わる瞬間に創造性の光線が当てられ、一つ一つのフレーズが生き物となった。恐竜、シーラカンス、チョウチンアンコウ、アンモナイト、ミミズ、バッタ、カモメ、ウミガメ、イルカ、メダカ、ライオン、ワニ、バクテリア、サメ、オランウータン、カッパ、ネアンデルタール人、ホモサピエンス……。

六分半の演奏の中に、三六億年の生きとし生けるものの歴史が流れていった。言うなれば原初の海の一つの細胞から枝分かれしていった連中、地球上のあらゆる生命たちだ。それらと自分とが分かちがたく繋がっている。それは比喩ではなく自明のことだと思える。これも太古から受け継がれてきたシーカヤックの真髄なのだろうか。あるいは「トーテミズム」というやつなのか。

終始貫かれるのは波うねりのようなグルーヴ感、進化の起点は天才的な即興のひらめき。感動的だった。とめどなく涙が流れた。

こんな感覚は一度だけではなく、海旅が深まったとき、何度も訪れたのだった。もちろん、ドラッグをやっていたわけではない。海でそんなものをやっていると、死ぬ。

これは神秘体験と言っていいのかどうかも分からなかった。

極めて普通の、理性的な状況下で起こるがゆえに。

海岸線には死体が打ち上がったり誰かが身を投げたという、いわくつきの場所が無数にある。だから霊感の強い人がぼくのような海旅をしていると、おそらく何か妙なものを見ることになるだろう。だがそういう意味で、見たり感じたりすることは、全くなかった。その面でぼくはおそろしいほど鈍感なのだ。しかし、五感と身体感覚に関しては、「ちょっとこれはぶっ飛んでいるな」と思うことがよくあった。

音に色や生物やさまざまなものを見、全ての生命が繋がっていると実感すること。確かにそれは一つの神秘体験なのかも知れない。一方、どの通俗的スピリチュアリズムにも当てはまらないようだった。超自然と言うにはあまりにも自然だ。では一体何に一番近いのかと探していると、「共感覚」なるものに行き当たった。

英語で「シナスタジア（synesthesia）」と呼ばれる共感覚。それは、数万人に一人の確率で存在するという特殊な、けれど異常ではなく普通の、脳科学的にもきちんと存在が証明された知覚現象である。

たとえば普通の人の知覚では、視覚は視覚であり、聴覚は聴覚である。音に味覚を感じたり、数字に色が見えたりすることはない。もちろん、比喩としては、ある。「音色」や「味わい深いサウンド」などという、感覚が交差する比喩的表現は普通に、無数に存在する。だが本当に色から料理を食べている味を感じることはないし、算数のテストで数字を足し引きかけ算するとき、その見える「色」で回答するという人間も、めったにいない。

しかしそれを本当に感知している者がいる。それが共感覚者である。もっとも、人間は生まれた時は皆、共感覚者であるらしい。それが成長するにつれて合理的に神経の配線が刈り込まれてゆき、物心のつく頃には味覚は味覚、聴覚は聴覚と、分別されるようになる。だが、何らかの具合で分別されずに大人になる人がいる。

それが共感覚者だ。

別に障害ではなく、日常生活に支障をきたすこともない。ただ、他人に言うとクスリでもやっているのか、精神に異常をきたしたのか、大ボラを吹いているのか、変な宗教にでも洗脳されたのかと、人格までもが疑われるおそれがあるので、黙っている人が多い。だから実際は数万人に一人ではなく、千人に一人くらいはいるとも言われる（ぼくはもっと多いと思う）。

ある意味、共感覚とはそれそのままで、詩的感性の豊かさだとも言える。だからか、共感覚者には芸術家が多い。

有名な例を挙げると、音楽家ではビリー・ジョエル、ファレル・ウィリアムス、マイルス・デイヴィス、スティーヴィー・ワンダー、フランツ・リストなど。作家や詩人では、ウラジミール・ナボコフ、シャルル・ボードレールなど、画家ではムンクやカンディンスキーが挙げられる。また、あのマリリン・モンローもそうだったと言われる。

海旅におけるぼくの音に対する感覚も、もしかしたらそれに当てはまるのかも知れない。いや、当てはまらないのかも知れない。関連する本を何冊も読んだが、本物の共感覚者とは音を聴いたとき、色なら色が「物理的」に、本当に見えると言う。だけどぼくの場合それは「知覚」として見ると言うより、もうちょっと「心の目」で見るようなニュアンスがある。

誤解を恐れずに言うと、極めて強い臨場感を伴った詩情、ポエジーとして捉えているのだ。

本当のところどちらなのか、別にどっちでもいい。

大事なのは、海や自然に対して謙虚であること。挑むのではなく調和すること。瞬間々々をおろそかにせず大切に向き合うこと。そうして海との一体感を迎えたときに立ち現れるそのリアルな詩情をこそ、心底愛しているのだ。そしてこのチャーミングな感覚こそ、海上での状況判断の基準になっていて、ぼくの身を助けてくれるのだった。

微細な気象、海況の変化を共感覚的な詩情として捉えるからこそ、ぼくはこれまで死なずにさまざまな海を旅してこられたのである。同時に、無事故で何万人も海をガイドしてこられたのである。

結局ぼくの「共感覚的」感性とは、海と音楽との繋がりによって現出するもののようだが、その秘密を知りたかった。そうして本を読み、いろいろ調べる中で、そのヒントや答えの一つがアフリカ、そしてもう一つがインドにあるかも知れないと思うようになった。

アフリカとは、黒人音楽の持つ「グルーヴ感」のルーツである。

そしてインドとは、インド音楽の持つ「ラーガ」と「ターラ」という二つの概念のうちの前者「ラーガ」だ。そいつが該当するのかも知れない、と。

ちなみに、ぼくらはインド音楽と一言で片づけるけれど、北インドの「ヒンドゥスターニ音楽」と、南インドの「カルナーティック音楽」とでは曲調も使われる楽器も違う。だが共通するのが「ラーガ」と「ターラ」という概念だ。

「ターラ」とは数学的なリズム理論で、巡りめぐる四季を意味する。一方「ラーガ」とは音や旋律の持つフィーリング、詩的ムードのことを言う。それに沿って「夕暮れのラーガ」「梅雨のラーガ」「真夏の朝のラーガ」などなど、無数のバリエーションが展開され、曲によって使い分けられる。

いわば音楽の持つ旋律と、心的エモーション、色彩、体験、体感などが、深い部分で繋がっているとする「共感覚的」な理論である。

そこにピンと来るものを覚えた。

「自分自身と森羅万象とが、アーティスティックな感性と技法を通じて、分かち難く繋がっている」とする世界観の表出。

また、こうも思った。カヤックという楽器を使うぼくは、海のラーガに沿って演奏する音楽家なのかも知れない。たとえて言うならば、「海面を染め上げる太陽光線の回廊のラーガ」「転がり走る潮のラーガ」「断崖絶壁のゴッゴツ感のラーガ」など。

あるいは「原初の海を漂うプランクトンのラーガ」

だがラーガについてそれ以上突っ込んだ本はなく、またインド音楽を演奏する何人かの日本人音楽家を尋ね聞いてみたが、深い意味まではよく知らないとのことだった。

「じゃあ、いっちょ、インドに行ってみるしかないか」

ちょうどそのころ、音楽評論家サラーム海上氏の著書『プラネット・インディア＝インド・エキゾ音楽紀行』（河出書房新社）の中で、南インド最大の都市チェンナイ（旧マドラス）の市内各地にて、南インド古典であるカルナーティック音楽のライヴが毎年十二月から一月半ばまで毎日のように繰り広げられる、「ミュージック・シーズン」なる音楽祭が開催されると知った。

生まれた時から音楽漬けの「音楽カースト」が繰り広げる超絶演奏を間近で見られる絶好の機会だ。録音ではなくライヴ演奏こそ、自然の現場に身を置くのと同じ、大事なポイントである。生き生きした共鳴や反響が生み出される現場でこそ、全身体感覚をもって本質を捉えることができるのだ。カヤックを漕ぎ、浴びるようにインド音楽を聴くこと。その両者を掛け合わせてみて、何が出てくるか、何が飛び散るのか。気がつけばもう旅の準備をしていた。十二月二十三日、チェンナイに入った。

わやくちゃインド 106

一目見た途端、絶句した。

これは絶対に無理だ、と。

ライヴを鑑賞する前に、ぼくはまずカヤックを漕ぐつもりだった。今やグーグルアースをチェックすれば世界中どこでも、漕げる場所か否か、かなりの部分判る。しかし、インドでは通用しないようだった。と言うより甘かった。予想では市南部アディヤール川河口の入り組んだデルタ地帯が地形的に非常にそそられたけれど、実際に現地に行ってみて、完膚なきまでにしてやられた。暑く、汚く、混沌としたインド大都市特有のどんよりした重さも予想してはいたが、川沿いの滅茶苦茶なスラムを見て、とても漕ぐ気になれなかった。

アウトカーストのスラム街。川面に立ち並ぶバラックが遙か彼方まで続いている。水中に杭を突き刺してその上に小屋掛けしているのだが、電気、ガス、水道は通っていない。不法占拠だからだ。地面には地代が発生するが、誰のものでもない川の上ならタダである。逆にきちんとしたインフラは望むべくもない。トイレもない。おそらく数十万人の生活から発生する汚物が直接川に垂れ流されている。河口地帯で流れもなく、淀んでいる。しかし、住民たちはその水で洗濯し、体を洗い、食器を洗い、調理までしている。子供たちは泳いでいる。

度肝を抜かれた。

実はぼくは、育ちのうえで、汚い川にはかなりの免疫がある。ぼくの生まれは兵庫県の明石だが、奈良で育った。子供の頃の奈良での生活が原自然体験だった。バッタ、トンボ、クワガタ、カブトムシ、セミなど虫採りに夢中になったが、それより何倍も水への興味が強かった。毎日のように釣りや魚の手づかみを楽しむため、川に出かけた。

そこは当時、水質汚染度指数であるＢＯＤ（生物学的酸素要求量）の値が日本でもワースト、つまり日本一汚いとされる「大和川」だった。

流れの中で中性洗剤の泡が倍々ゲームのように膨れあがり、淀んだ臭いが立ち込めている。河原にはイチジク浣腸やインシュリンの注射針などが落ちていた。別に都会ではなかったが流域の下水整備の遅れにより、垂れ流し状態だったのだ。うんざりするほど汚かった。だがそんな中でもコイ、フナ、ギギ、ナマズ、ライギョなどたくさんの魚たちが、けなげに生息していた（多分富栄養化によるものだろう）。ぼくはそこで釣りをし、潜って魚をつかみ捕って遊んでいた。ある日、町内放送が流れた。

「大和川でコレラ菌が検出されました。よい子の皆さんはけっして川には近づかないようにしてください」

ひどい話だが、それにめげることはなかった。「コレラが怖くて釣りができるか馬鹿野郎」と言いながら、ぼくたちは日々、川遊びに興じていた。

いつも思っていた。美しい水で遊びたいと。綺麗な川や海で遊べるなら死んでもいいと。だが目の前の現実に合わせるしかなかった。だから汚い川には免疫があるはずだった。

しかし、ここチェンナイではだめだった。あの頃の大和川のさらに百倍は汚かった。

スラムからの汚水だけではなく、工場や施設などからの排水も垂れ流しのようだった。だからその水は、コレラ、赤痢、破傷風、腸チフスばかりでなく、水俣病、イタイイタイ病、ヒ素中毒などが入り混じった濃厚なスープとなっている。それが原因で病気になったところで、アウトカーストの人たちは病院にも行けず、因果関係も認められず、そのまま死んでゆくのだ。

ほかに漕げる場所を探そうとしても、物理的な汚さはもちろんのこと、精神的にもスイッチが入らなかった。

「穏やかでありながら高揚している感覚」

「リラックスしつつ五感がピーンと張った状態」

これこそがカヤッキングに臨むときの基本だが、正反対の気分に苛まれ続けた。

どこもかしこもめったやたらと不潔だった。人は多すぎるうえ、交通ルールは皆無。バイク、車、自転車、牛、山羊、犬などが自分のことのみ考え突き進み、一日中クラクションが鳴りまくっている。道に立つ警官や役人はとんでもなく偉そうで嫌な感じだ。公共マナーもまるでない人が多い。駅の切符売り場で順番待ちをしているとき、辛そうにしている一人の老婆がいたので先を譲ると、待ってましたとばかりにその間隙に十数人が割り込んでくる。皆がゴミをそこらにポイポイ捨てる。食品や商品の包装も、用が済んだらその場で捨てる。昔は自然に還るものを捨て、それを牛や犬が食うというリサイクルが成り立っていたようだが、今やプラスティック系のゴミが街の吹きだまりに溢れかえっている。おまけに糞小便を所構わず垂れまくる輩も少なからずいる。一度、衝撃的だったのは、普通のおばさんが人通りの多い道端で、サリーをたくし上げて脱糞する現場を見たことだった。排ガス規制もないらしく、一日町を歩いて帰って来て鼻をかむと、鼻水が真っ黒になっていた。ホテルの部屋で就寝中も、外を走る車のクラクションが鳴り響き、ベッドがきしんで心臓に響いた。

街全体が関西弁で言うところの「わやくちゃ」状態。

聞いてはいたものの体感すると凄まじかった。

「引く」「譲る」「慮る」「クールダウン」「ほどほど」などの中庸的概念はこの世に存在しないかのごとく、極端に自分勝手なウェイブ渦巻くインド大都市のノリの下では、カヤックを漕ぐ気分にはなり難い。リラックスしつつ五感が研ぎ澄まされた状態というのは結局、南インド古典音楽の演奏の中でだけ得ることができたのだった。

日本一汚い川と世界一汚い川のラーガ

最初、どこでやっているのか、分からなかった。

「ミュージック・アカデミー」と「ナダラ・ガナ・サバ」という二つがメイン会場のようだが、誰に聞いてもその名前すら知らないと言われる。オート・リキシャ（三輪タクシー）の運転手も分からんと言った。どうやら古典音楽なんてカーストの高い人たちだけが嗜むもののようで、一般庶民は関心がないらしかった。

リキシャの運ちゃんは、住所から当てずっぽうで「だいたいこの辺だろう」とぼくを降ろした。さて困った、人口一千万人近くを擁する、インド第四の巨大都市だ。ここがどこなのかはもちろんのこと、方角すら分からなかった。どうしようかとキョロキョロする。道の反対側にカフェがあったので、そこでひとまず落ち着こうと思った。だが、左右からすさまじい勢いで車やバイクや自転車や牛が行き来するので、渡れない。轟く大型トラックのクラクションに萎縮する。インド人たちは気にすることなく合間を縫ってどんどん道を渡ってゆく。鈍そうなおばさんまでもが平気で渡る。

滅茶苦茶に見える交通の流れにもどうやら、規則性があるようだった。彼らはそれを知っていて、その隙間を縫うのだ。人とぶつかりそうになった車もバイクも、寸前のところでかわす。とんでもない神技だと思った。

もし、かわしきれずぶつかったらどうするのだろう。そこまで相手を信用できるのか。インドでは命の値段も驚くほど安いと聞く。ぼくは完全に交通が途切れてしまうまで渡る気になれなかった。だがそうすると永遠に渡れないような気がした。横断歩道や信号はどこにもなかった。

背後から声を掛けられた。

「きみはさっきから一体何をやっとるのかね?」

クルタと呼ばれる白い民族衣装を着た、六十過ぎとおぼしきオヤジだった。

「ナダラ・ガナ・サバに行きたいんですが道が分からなくて。カルナーティック音楽の演奏を聴きにきたのですが」

「ほうほう。きみはカルナーティックが好きなのか。一体どこの国から来たんだ?」

「日本からです」

「ほー、これは珍しい。感心だ。日本人でカルナーティックを聴く者がいるのかね。もしかしたら日本で流行っとるのか？」

「流行ってはいませんが……」

彼は、奇遇だと言った。「私も今からナダラ・ガナ・サバに行くところだ、すぐ近くだから一緒に行こう、ついて来い」

微妙に怪しくも思えたが、ここにいてもラチが明かないので、ついて行くことにした。オヤジは車の流れに飛び込んでいくように進んだ。ぼくは彼に手を引いてもらい、やっとの思いで渡ることができた。

そこは一昔前の日本の地方都市の、市役所の中にある文化ホールといった趣の会場だった。冷房がやたらと効きすぎている。観客は中高年と言うか、初老の夫婦が多かった。男性は白いシャツにスラックス、女性は色とりどりのサリーを身にまとっていた。ビヨーンビヨーンという宗教くさい音とともに演奏が始まる。それはタンプーラと呼ばれる弦楽器で、演奏中ひたすら同じビヨーンビヨーンが続く。リズムを取るのは両面太鼓の「ムリサンダム」や、素焼きの壺でできた太鼓「ガタム」と呼ばれる、パーカッション類だ。そこにバイオリンやフルート、クラリネット、マンドリンなど多種多様な楽器が絡み、即興演奏が繰り広げられる。

なお、北インドのヒンドゥスターニ音楽でよく使われるタブラやシタールは、南インドのカルナーティック音楽ではあまり使われないようだった。でも使われることもある。要するにカルナーティックの方が、何でもありの音楽らしい。

楽器のことなどはみな、オヤジが教えてくれた。どうやら悪い人ではなさそう、と言うより、いい人だった。あとで分かったが、インドでは困っている者に対して親切な人も多いのだ。そして彼も本当に演奏を聴きに来ているのだった。

最初は、聴きどころが今イチ掴めなかった。何せ一曲が一時間くらい続く。長すぎて退屈に感じるのと音の周波が心地よいのとで眠ってしまうのだった。周囲のおじさんおばさんたちは音楽的にも完全に分かっているらしく、指でリズムをカウントしたり、素晴らしいフレーズが決まると「うーん」とうなったり、心底楽しんでいるようだった。

いつも曲の終了間際に目が覚め、気がつくと休憩時間になっていた。

外に出て、売店でイドゥリーとコーヒーを頼んだ。イドゥリーとは豆と米で作られた蒸しパンだ。最初、発音が悪いのか、何度言っても「は？」と聞き返された。直接モノを指さすと売店の兄さんは「そいつはイッリーと発音する」と言った。

「十回繰り返してみなよ」

「イッリーイッリー……」

「……よし、まあなんとか合格」

やっとイドゥリーを手渡してくれた。

ひとまず二日ほど通い、朝から晩まで聴き通したが、やはり今イチ聴きどころが掴めなかった。

どうもぼくはいつも聴いていて癖付いているブラック・ミュージックの感覚が抜けないらしく、それがちょっと違うのかもしれなかった。海の波うねりと最もマッチするのが黒人音楽なのだが、南インド古典音楽はどちらかと言うと海の波よりも、川の流れを想起させた。さまざまな波紋、渦、さざ波、早瀬、滝、淀み、トロ場など、集合しては離散する川の流れを連想させた。

「ラーガ」については、全く分からなかった。身体感覚で聴くものだと思っていたが、体幹で波うねりを捉える感覚とはまた違うようだ。軸は一点ではなく、あちこちにあるのかも知れない。あるいは音楽理論そのものを修めないと、感覚だけでは分からないものなのかも知れない。

だが、やがて、それとは別の意味で「素晴らしい音楽だ」と思えるようになった。何日も通い詰め、売店のお兄さんにイドゥリーの発音を完璧だと言われるようになる頃、ぼくはむしろ病みつきになりつつあった。黒人音楽、あるいはロックやレゲエ、さらには西洋のクラシックなどとも違う聴き方をする音楽だと、考え方を切り替えたからだろうか。

そのテクニックの凄さ、音色の心地よさ、どんなに速いフレーズであってもたおやかさを失わない正確なリズム、即興演奏のイマジネーションの豊かさ。そして、リラックスしながらもピーンと五感の張り詰めた感覚。

これはもっと心の深いところに沈潜してゆく音楽なのかも知れない。

同じ身体感覚としても、ブラック・ミュージックは「肉体の讃歌」という趣があるが、カルナーティックには心身の奥深くに浸透してゆく作用があるように思えた。

たとえば自律神経とか。

それは周波数に関係しているのかも知れない。確かに演奏は眠りを誘った。一曲四十分も一時間も続くそれを最初は退屈だと思っていたが、やがて高度な技術とイマジネーションの融合した時間がより長く楽しめることを、むしろ幸福に思うようになった。眠くなるというのは、退屈と言うよりも音の周波数が心の深い部分に作用し、リラックスと安心感をもたらすからかも知れない。「自分が存在する」ということそのものに対する、根源的な安心立命感とでも言うか。キャノンボール・アダレーの「アラバマに星落ちて」を聴いたとき覚えた、ただ存在することに対する肯定感。それと質感は違えど、通じ合うものがある深い深い落ち着き。

眠りに落ちようとする無意識と、眠って演奏を聞き逃したら損だという意識とが交錯する際、しばしヴィジョンを見た。落ちてゆく中途でハッと目覚めるとき、それはえてして凄いフレーズが決まった瞬間だった。周囲の観衆は「うーん」と口々につぶやく。それを何度も繰り返した。ぼくは夢うつつの中で、無意識のうちに水を連想していた。海のものか川のものか湖のものかは分からない、ただ、この世のものとは思えないほどの、美しい水だ。陽の光に照らし出されて水面がさまざまな色彩を帯びていた。ありえない色の組み合わせで、それを言葉で表現できる色彩の用語は存在しなかった。それらが渦を巻いたり、滝のように落ちては泡を立てたり、三角波を踊らせたり、つぶやくようにせせらいだり、トロ場でたゆたったり、流心が離れたかと思うと集合したり、水滴一粒が蓮の葉の上で転がったりした。いつの間にかぼくは、子供の頃の夢を見ていた。山奥の源流の瑠璃《るり》色の淵のように美しい水がたゆたう大和川で釣りをし、潜って魚を手づかみして遊んでいた。とても楽しかった。綺麗な川や海で遊べるなら死んでもいいと思っていた子供の頃の、はかない願望。それが今、かなえられ、たくさんの魚たちがぼくを祝ってくれた。曲が終わると、観衆は立ち上がり、一斉に拍手した。びくっとしてぼくは目覚めた。一瞬、美しい水に祝福され、ぼく自身が拍手を受けているような錯覚に陥った。

ぼくは人知れず涙を流していた。

だが会場から一歩外に出ると、即座に厳しい現実へと引き戻された。クラクションが鳴り響き、車やバイクがおびただしい排ガスをまき散らしながら大渋滞を巻き起こす大通り。糞尿くさい路地で横たわる乞食たち。ゴミをポイ捨てする道ゆく人々。ゴミの吹きだまりに頭を突っ込んで口をもそもそ動かす牛。

そして、街を動脈のように流れる、とてつもなく汚い川。

さっきまでの美しい水のヴィジョンはどこにもなかった。余韻を噛みしめるために落ち着いた雰囲気の場所でひと息つこうとカフェに入っても、全くリラックスできなかった。どの店でも飲食という用が済んだら皆、すぐに出てゆく。ゆったり本を読んだり、まどろんでいる優雅な人間は誰もいない。「さっさと出て行け」と直接言われることはないが、そういう空気感に満ちている。

この国の一体どこから、カルナーティック音楽のような優雅で美しい芸術が生み出されるのだろうか？　その落差に、やりきれない思いがした。

どうしようもなく疲れるムードが街全体に充満し、熱気として渦を巻いている。不思議なのは、どこにも落ち着く島がない中で、道ゆくインド人たちの顔だけが妙に落ち着いて見えることだった。ほとんど喧嘩も見たことはないし、怒っている人も、声を荒げて言い争っている人も見なかった。みな早口で唾を飛ばすように自己主張するが、表情は極めて冷静だ。顔に喜怒哀楽の、とくに怒と哀の色を浮かべている人がいなかった。家ではどうか知らない、多分違うだろうが、少なくとも街ではそうだった。むしろ日本人の方が感情が顔に出る。日本では、人に向けてむやみにクラクションを鳴らすことほど無礼な振る舞いはない。おそらく鳴らされた大半の人は心底立腹するだろう。しかしインド人は皆、涼しい顔をしてやり過ごす。道路にほとんど信号がないからか、あまりにも人が多いのでいちいち反応していられないからか、さまざまな理由が考えられるが、何かを悟っているようにも見える。

インド人のそのクールな表情に深い意味があるのかも知れない。心の奥底に信仰という安心立命を持っており、外界の現象に囚われないということなのか?

気づくと、いつの間にかまた川沿いのスラムまで来ていた。歩き疲れて立ち止まり、夜のアディヤール川を眺めた。

救いようもないほど最低の悪臭がする。暗いせいか、水質のひどさは見えない。ただ暗闇の中に黒々とした水が淀んでいるだけだった。汚いとは思わなかった。いやむしろ美しいとさえ思えた。月と家々の明かりが水面に反射し、黒地を背景に金色、オレンジ、紫、ピンクなどが混合し、当てはまる言葉など存在しない美しい色を醸し出していた。どんなに汚くとも分子構造のH_2Oという組成に変わりはなく、「水は水」だからそう見えるのだ。月や家々の明かりはこんな水でも「水」として物理認知したのだ。だから美しく反射するのだった。何たる包容力。もしH_2Oがある一定の汚染度を超えると爆発する物質であったならば……。

ぼくはその色合いに惹き込まれた。とてつもなく汚いことは分かっているのに、嫌になるほど美しかった。さっきの感動的演奏が再び心に蘇ってきて、鳥肌が立った。素晴らしい演奏と汚い川が心の中で同化する瞬間だった。月はときおり雲にかげったが、そのとき川べりにおびただしく立ち並ぶバラック小屋からの明かりだけが、水面に映し出された。それが不思議と人間味をもって感じられた。人々の営みや呼吸、それに体温のようなものが感じられた。その色彩がひときわ心に染みた。同時に、無為に疲れている自分がどうしようもなくマヌケな存在に思えてきた。一体こんなところで何をやっているのか?

こんなに絶望的に見えるスラムでも精一杯生きている人々がいる。どんなに汚い水面でも光は美しい色彩を描くように、この汚い街にも、表層を撫でるだけのツーリストには知るよしもない、人々の生活に即したドラマがある。その中に汚濁もあれば、輝きもある。汚い水にも美しく輝く色彩があるように、汚い街の中にも美しく輝く心は無数にある。それはメディアのニュースには出てこないし、現地に来てもただの旅行ではそうそう見えてはこないものだ。今のぼくにも同じくそれが見えない。ただの呪わしい、ろくでもない大都市として映っているだけだ。汚い川の水はそのエッセンスを絞り出して煮詰めた煮汁のように思えるだけだ。だがそこにも無数の輝く光がある。インドに来て汚さとうるささに辟易して以来、ぼくはどこか頑なに心を閉ざしてしまっているようだった。だが、カルナーティック音楽の演奏を介して、心の奥底の氷が少しずつ融解してきているのかも知れない。

皆、自分の持ち場で、やるべきことをやりながら、やろうとしてもできないながら、あるいは何もせずとも、精一杯生きている。汚い川の住民にも祝福はある。

汚い川で育ったぼくと大して変わりはない。

やはりどこかカヤックを漕ぐべき場所を探そうと思った。せめてH_2Oという分子構造に対する最低限の敬意が保持されたフィールドへ。カヤックを漕ぐこと、体軸を使ってパドリングし、波風を捉え、土地の精霊と対話し、心身の深いところから自分自身の歌を歌い上げること。それがインドくんだりまで来た、ぼくのやるべきことなのだから。

とんでもなく汚いアディヤール川に映る、月明かりと家々の灯火は、身震いするほど美しかった。この色こそが、ぼくがカヤックで鳴らすべきラーガなのかも知れない。あるいは、ぼく自身の心の色彩を映し出す、聖なる汚い川。

ラーメッシュワラム島一周

一週間ほど、朝から晩までライヴ演奏を浴びるように聴いた後、カヤックを漕ぐフィールドを探すため、バスでインド亜大陸ベンガル湾沿いを南下することにした。

チェンナイだけではなくインドはどこでも環境問題が深刻なようだった。途中で立ち寄った海岸寺院で有名なマハーバリプラムでもゴミが目立った。寺院の壁に刻まれた神々や動物たちの、田園詩のような優雅さと比べれば比べるほど、違和感が浮き彫りになった。ティルチラパリの岩山寺院に登って下界を見ると、排ガスで街全体がけぶっていた。

南インドの田舎ですらこうなのだからデリーやコルカタ、ムンバイやハイダラバードといった巨大都市ではどんな惨状となっているのだろうか？

この国では水、大気、ゴミ、土壌、全てに問題がある。全ての穢れを洗い流すというガンジス川も、同様に汚染されていると聞く。「水のガンジー」と讃えられる環境活動家のラジェンドラ・シンは、その現状をこう皮肉った。「母なるガンジス川と言うなら、なぜここまで汚すのか、ここまで自分の母親を汚すことができるのか？」

「宗教の、せまい、限られた、闘争的な思想は、すべてなくならなければならない」と語ったインドの偉大なる哲学者・ヴィヴェーカナンダ師がもし今生きているとするならば、真っ先にこの環境問題を憂うだろう。

自然に国境はなく、地球は物理的に有限である。十三億の人口を有するインドの環境問題はいずれ世界の大問題となるだろう。いや、人の振り見て我が振り直せ。日本から出た大量のプラスチックゴミが黒潮に運ばれ、流れの淀むミッドウェーからハワイ北西部沖にかけての海域に溜まっている。そこは「太平洋ゴミベルト」と呼ばれ、日本列島の約四倍の面積のゴミ大陸が形成されている。それをほとんどの日本人は知らない。そのラーガを演奏すればどんな音になるのだろうか。

ようやく辿り着いた、スリランカ国境付近の陸繋島であるラーメッシュワラムの入り組んだ海

ラーメッシュワラム海岸の沐浴風景

岸。この旅で初めて、漕ぐ気分になった場所だった。ここからさらに小さな島々が、スリランカまで点在している。狭い島と島の間では潮が速く流れる。だから水も淀むことなく洗いざらされている。そして風景は神々しさを持つ。

この島を二日がかりで一周することにした。

人だかりがすさまじい早朝の沐浴場から出艇した。朝日が訪れたとき、海と空に広がる色彩は、ありえない取り合わせとなった。心の中で音楽が鳴り響く。一週間通い詰めて朝から晩まで聴き続けたカルナーティック音楽が、ぼくの中で鳴り止まなかった。演奏会場ナダラ・ガナ・サバで、大和川で、アディヤール川で映し出された、あの色と音が。

全身が総毛立つほどの感動を覚えた。

そして独り言を言う。

「ああ、この風か」

アジア・モンスーンの風だった。

インド洋、アラビア海、ベンガル湾という広大な空間を吹き抜ける風。十一月から三月まで「北東の風」、四月から十月は逆転し「南西の風」となる季節風。

海上で感じるこの風は、ただただとても気持ちよかった。大陸の風と言うよりも、島の風と言うのか、海洋性の湿り気と爽やかさが共存した風。空気の悪いインドを旅しているからだろう、開放感もひとしおだった。紀元前十三世紀に編纂された世界最古の文献「リグ・ヴェーダ讃歌」には既にこのモンスーン風のことが記載されている。古代インドでは風のことをヴァータと呼び、人間に生気を吹き込む神と称えられたと言う。

まさに生気を吹き込まれるかのようだった。逆にぼくは生気が失われていたことを改めて知った。ぼくは、穢された環境に身を置くことを心底嫌悪する人間なのだ、と悟った。

予期せぬ角度から吹き付け、心の深いところに入り込んでくる風でもあった。

そして何より、太平洋諸島とはまた別の、だが相似をなす海洋文化圏、つまりアジアからインド洋にかけての「カヌー文化」の脊髄を貫く風であった。

ふと、このあとモンスーン風が当たる岬に行ってカヤックを漕いでみようと思った。ベンガル湾、インド洋、アラビア海の三つの海が合流する、インド最南端の「コモリン岬」へと。そしてこの旅が終わったら店の業務を充実させ、オフシーズンになればモンスーンを巡るカヤック旅をしよう。風上側（タイ、アンダマン諸島、スリランカ）、風下側（アラビア半島、アフリカ）、その両方へと。

それがぼくのやるべきことだ。
このモンスーン風には、何かがある。
その前にまずこの島を一周することに集中しよう。

結局ラーガとは何だったのか?

インド音楽はインド哲学が基盤になっている。その内容は紀元前七~八世紀頃に出現した「ウパニシャッド」という奥義書に記されていると言われる。さらにルーツを辿れば紀元前十三世紀頃に編纂された、人類最古の文献「リグ・ヴェーダ」に行き着くと言う。

おそらく「ラーガ」の起源もそこにあるのだろう。

だが日本語で読める唯一の本『リグ・ヴェーダ讃歌』(辻直四郎訳、岩波書店)は訳文が古文調で堅苦しすぎ、二ページで挫折した。もう少し分かりやすいものを探していて行き当たったのが、山尾三省氏の著書『リグ・ヴェーダの智慧』(野草社)だった。

そこに書かれてあるのは案外シンプルなことだった。

リグ・ヴェーダとは風や波、季節の移り変わりや大地の不可思議さなどをモチーフとして、自然と人間との繋がりについて詠まれた書だ。「リグ＝讃歌」「ヴェーダ＝叡智」を意味するが、讃歌とは人間的な情感なくしてはありえないもので、つまりリグ・ヴェーダとは「自然を感じることの叡智」なのだ。それに根ざしたインド古典音楽も、数千年を経て洗練、抽象、複雑、理論化したけれど、大元のルーツは自然をめぐる詩情から来ている。日本でも人気のあるヨガやアーユルヴェーダも同様、インド精神文化の全てはそこから始まった。ラーガもそこから生まれたものだと意識すると、やはり面白い。

その後ぼくは好んでインド音楽を聴くようになり、ラーガについてある程度の知識を身につけたが、結局、最初に抱いていた直観は、ほぼ正しかったようだ。

「自分自身と森羅万象とが、アーティスティックな感性と技法を通じて、分かち難く繋がっているとする世界観の表出」

インド音楽では、しばしば音は色に喩えられる。ごく基本的な色の「絵の具」を使ってキャンバスに絵画を描くようなイメージだ。曲に使われる絵の具は五色（五音階）だったり、六色（六音階）だったり、七色（七音階）だったりする。また、その中から主となる色（音）を決め、さらに色の順番（音の配列）が決められることによって、一つの「旋律」ができ上がる。それを用いて、夕暮れや朝の感覚、または喜びや悲しみや切なさといった感情を表現する。その旋律がみちびく「詩的フィーリング」こそが「ラーガ」であり、曲の「規約」となるのだった。そしてそれを忠実に守りながら、色（音）を伸ばしたり、震わせたり、反復したり、うねらせたり、くゆらせたり、そよがせたり、強弱や緩急をつけることによって、自由自在に絵を描くのだ。

おもに規約一、即興九の割合で描き出されると言われる。

ではなぜ規約が大切になるのか、そこに共感覚的な思考が宿っている。まず大前提として、大自然や、神や、崇高な体験や、あるいは宇宙の法則といった、描きたい世界が先にくる。インド音楽とは、一人の人間がそんな深遠なる世界に少しでも近づき、一体化したいという願望から、生まれてきたものだった。「我演奏す、ゆえに世界あり」とぼくは言ったが、彼らは「世界あり、ゆえに我演奏す」なのである。両者別物のように見えるが、その我とは、皮相な自意識やエゴを超えたもっと大きな、いや、プランクトンのようにちっぽけで豊かな「自己」だと考える場合、全く同じとなる。いずれも「共生」の志向性が第一義に来る。そこでは音は色に喩えられるが、その始まりはきっと比喩ではなく本当に音が色そのもので、色が音そのものだったのだろう（インドの行者は瞑想中、完全に共感覚状態になるという指摘がある。それは演奏者とも通じるだろう）。そうすると、音楽技法を高めれば高めるほど、理論上、森羅万象のあらゆるものを描くことができるようになる。

もちろんそこでは、「当てはまる色彩の用語がない、ありえない色の取り合わせだ」とぼくが感じたアディヤール川の、演奏会場ナダラ・ガナ・サバの、大和川の、ラーメッシュワラム海岸の、あの水面に反射した光の色彩も、描くことができるのだった。

インド音楽を好んで聴くようになってから、ぼくのシーカヤッキングも変化した。

やはり「ラーガ」と似ていると思った。その日の「気象条件」という規約ありきで楽しむものだからだ。うねりが高い日もあれば、逆風の日も、順風の日も、穏やかな日も、雨の日もある。人智ではけっして動かせないその時々の状況が「規約」となり、その中で最善のコース取りを考えて漕ぎ進み、調和し、自由な気分を味わう。

それが冒険旅のときだけでなく、日常のガイド業務の中でもじっくり味わえるようになった。初心者相手のガイド時は、毎日定番コースを案内することが多い。それを一〇年も一五年もやっているとしばしばうんざりしてくるけれど、その実、海は一日たりとも同じシチュエーションは訪れない。地味な定番の中にも毎回新しい発見がある。魚の群れと潮の関連、雲の流れと風の連動、遠くの台風とうねりの到着、気圧と潮騒の響き方の関係性、などなど、決まったラーガの中で即興的に楽しむ意識を持つことによって気づかされる、たくさんの豊かなものがある。そして毎回違うお客さんからの反応によって、同じ繰り返しの中に突然、隠された意味を見出せることも多い。ぼくはインド音楽を聴くようになったおかげで、定点観測の地味な味わい深さも楽しめるようになり、自分のやっているガイド業に対する愛着が深まった。その愛着を一つの「場」としてカフェも併設し、音楽ライヴや映画上映会や講演会なども行う、海や自然を介した「人と人を繋ぐ、文化空間」を築くに到った。それはとりもなおさず、ぼくのテーマである「求心的な旅と遠心的な旅」のうちの前者の、ささやかながら理想的着地点の一つだった。

だからインド音楽にはとても感謝している。

後者の遠心的旅を続けるカヤック冒険者としても、インド音楽とともに、共感覚世界の探求も続けた。やがて共感覚の理解には二つの大筋があることに気づく。一つは「成長段階で行われるはずの知覚神経間の交通整理がなされなかった」あるいは「神経細胞間で化学物質の抑制作用が起きないこと」から起こる現象という、神経科学的解釈。そしてもう一つはもっと微細な「量子脳理論」の解釈だ。量子とは、神経はおろか原子よりもさらに微細な物質単位だが、共感覚とは、脳内にて量子レベルでの交差が起こることによって生じる現象だとする説である（『共感覚という神秘的な世界』モリーン・シーバーグ著、和田美樹訳、エクスナレッジ刊より）。

前者の説明は、確かに分かりやすいが、あまりに臨床的に分類しようとする指向性が強すぎるように思えた。そこからたくさんの豊かなものがこぼれ落ちる嫌いがあるのだ。一方後者はオカルト的な隘路にはまり込む危険性があるが、そこを注意深く避けていくと、共感覚とは、よくある文字や数字と色との関係だけでなく、もっと多種多様に存在する可能性も見えてくる。まだまだ知られていない共感覚の形があるかも知れないし、あるいは意識しないだけでみんなそれぞれ独自の共感覚を持っているのかも知れない。たとえば、一人一人の内側で、知覚の「関係性」が蜘蛛の巣のように絡み合って立ち上がる、七〇億人の七〇億通りの、ユニークな世界の感じ方、その響き合い。

そのうちの一人であるぼくの場合……世界の海を旅する中で「五感」をそれぞれ「五色」（五音）と置き換え、その配列によってアート作品を描き出す冒険。

言うなれば「地球を描く、体感アート」

もちろんぼくは後者の説に魅力を感じた。だが結局のところ、学説はどっちでもよかった。ぼくは学者でもなく、臨床マウスでもなく、冒険者として、アウトドアガイドとして、ごく一人の生活者としての探求を続ける中で、あくまで参考にするというスタンスだからだ。そうすると正誤うんぬんに囚われる必要はなく、このチャーミングな感覚を心底楽しめばいいのだという、自由な発想ができるようになった。事実、共感覚的な詩情ほど豊かなものはなく、きっとそこに地球の物理的有限性という「ラーガ」に即した、一個人の感覚の無限性が広がっている。

第三話

タンザニア・ザンジバル島

ヴァカ・ビヨンド／未来へ向かうカヌー

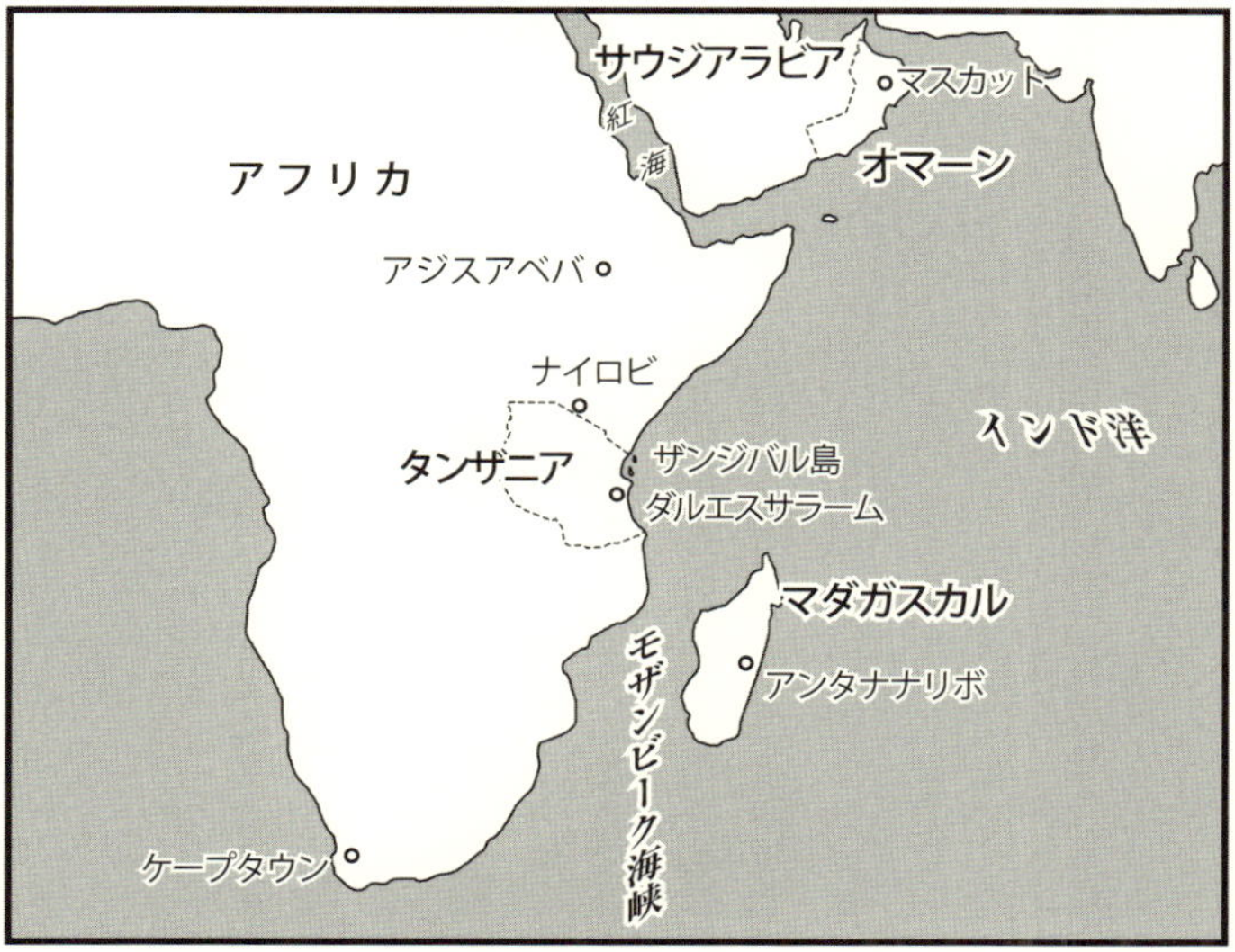

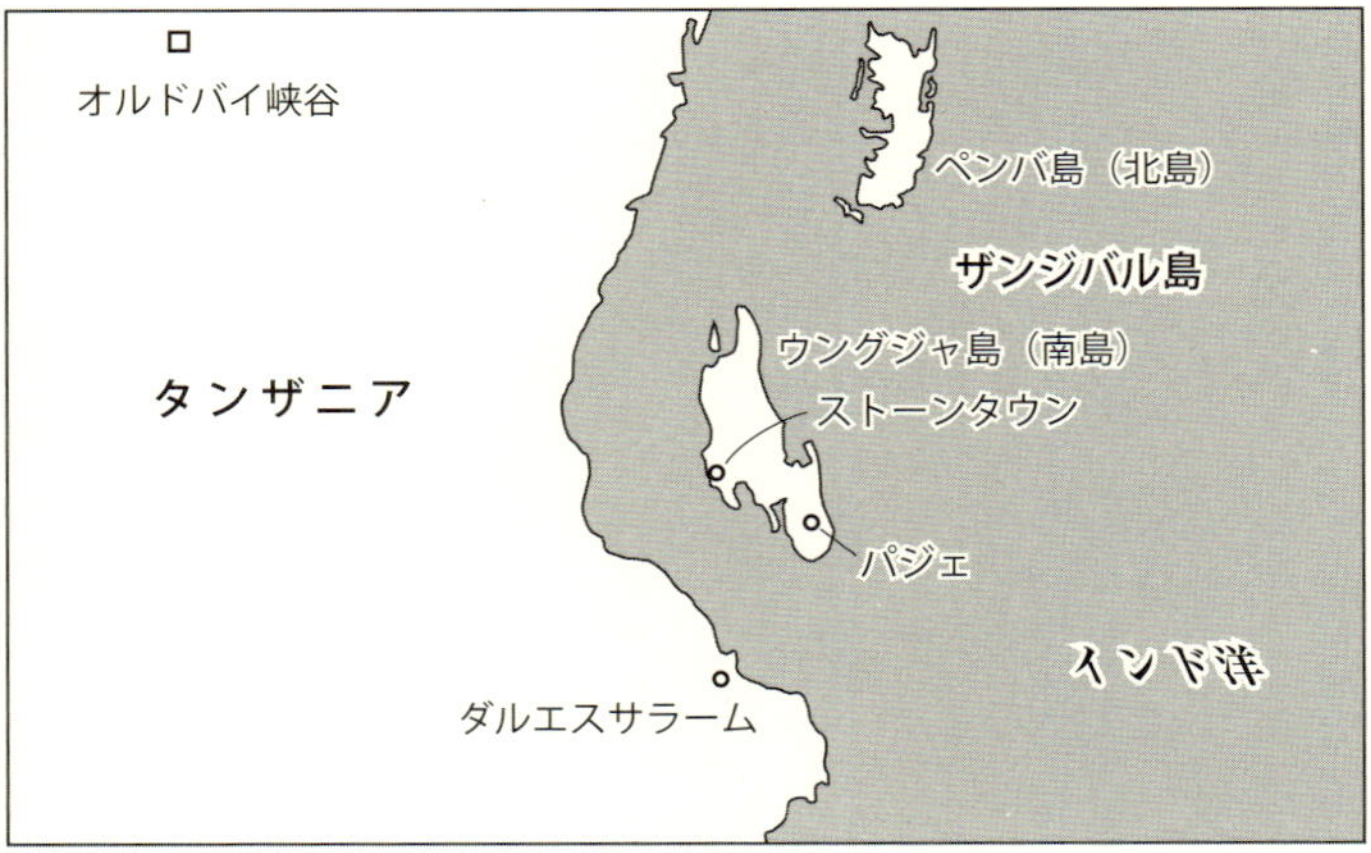

オルドバイ峡谷
ペンバ島（北島）
ザンジバル島
ウングジャ島（南島）
タンザニア
ストーンタウン
パジェ
インド洋
ダルエスサラーム

モンスーン風の精に導かれて

一直線に伸びる白砂の海岸線。

海と並行に見つめる視線の数キロ先では、舞砂と波飛沫が混じり合って、黄砂のように煙っている。その低い層の上の澄んだ青空には、色とりどりの凧《カイト》が地面を這い回る虫のような軌道で、行ったり来たりしていた。凧はいつも煙った層に掛かるとき、そのまま地面へと落下するか、スピードを増して再び青空に浮上するかのどちらかだった。海の方に目をやると、一キロくらい沖合に、砂浜に沿うようにしてリーフが続いている。その基盤にぶつかる外洋からのうねりの音が、風と複合して、周囲は常にザワついた音を立てていた。それがどこかしら夢見心地を誘う。

カイトボーディング（凧を動力として海上を疾走し、波に乗るスポーツ）には向いている一方、あまりシーカヤック向きとは言えないが、海の広がりがどこよりも雄大に感じられる場所だった。

リーフ内の海水は透明感に包まれた淡いグリーンで、その色味は飲み干してしまいたくなるほどに美しい。色的には以前訪れたインドネシア・ロンボク島沿岸の離島「ギリ・アイル」の水に似ている。しかし広々とした開放感は、ここにしかないものだった。それはリーフ外にどこまでも果てしなく広がる黒潮のように濃い藍色の海水が、リーフを、ヤシの木を背にした砂浜を、そしてこの島全体を包み込んでいるせいだろう。濃い水平線の向こうにはインド、インドネシア、オーストラリア、南極まで続く大洋が、無限の広がりを見せる。ここでは波も、風も、惑星的なスケールを想起させる「気」のようなものを放っている。ぼくはリーフ内外で全く対照的な表情を見せる二つの色彩の中に入りこむ準備をしていた。海のスケール感に思いを馳せていると、ぼくのカヤックはおろか、このちっぽけな島そのものが大洋をゆくカヌーのように思えてきた。

そして海に浮かぶ。

「ああ、この風か」と、ため息をつく。

瞬間、胸がしめつけられそうになる。

海上での風はとびきり心地よく、海は美しかった。

悲劇など感じさせる要素は微塵もない。

それゆえに、胸が……

島世界が描く、文化的無限性

モンスーン風の精に導かれるようにして、ぼくはこのザンジバル島にやって来た。

アフリカ大陸、アラビア半島、インド亜大陸の三者を結ぶインド洋交易圏の中継地として栄えた島。クローブやカルダモンといった香辛料の一大産地としても知られる、東アフリカ・タンザニア沖に浮かぶ小群島だ。

イギリスのロックバンド、クイーンのフレディ・マーキュリーの生誕地としても有名である。現在ではエキゾチックな観光地として名高い一方、奴隷貿易、植民地支配、そして独立後の民族虐殺クーデターという世界史に典型的な暗黒要素も、その歴史に刻まれている。

絶妙のロケーションにあるがゆえに。

北島のペンバ島、南島のウングジャ島、それぞれ淡路島サイズの二島を合わせてザンジバル島と称される。主たる二島に加えて、衛星のような微細な島々もたくさん有する、サンゴ礁に囲まれた多島海だ。観光客の多い南島の方がよく知られ、通常ザンジバルと言うと南島のことを指す。いっぽう北島のペンバ島はほとんどツーリストも来ないローカル色の濃い島で、現金収入的にはとても貧しく、ろくすっぽ銀行も病院もないらしい。それ以外、ほとんど情報がない。

そんな対照をなす二島を持つここザンジバル島へも、いつものように即興演奏的にカヤックを漕ぐスタイルを取りつつ、三つの理由を携えてやって来た。

一つは、インド音楽の「ラーガ」に対するアフリカ系音楽の「グルーヴ」について探求する旅。もう一つは島世界の島世界たるゆえんを巡る旅だ。この小群島は世界のあらゆる島の中でも際だって「島的」な要素が凝縮された場所だと思っている。そしてもう一つはカヌー文化圏の、最西端に相当する海域だからだった。

東アフリカ沿岸は、歴史的な痕跡が少ないゆえあまり知られていないけれど、アジア・太平洋諸島を跨ぐカヌー文化圏にも当てはまる。約四、五千年前に東アジアから出発して、メラネシア、ミクロネシア、ポリネシアへと拡散していったモンゴロイド系海洋民たちは、この方面にも来ていたのだった。

インド洋では、判を押したように十一月から三月まで北東風が吹き、逆に四月から十月まで南西風が吹く。古来、モンスーンと呼ばれるその風を利用して、無数の航海者たちが大洋を行き来した。東アフリカ沿岸部がイスラム教化してゆくのは十世紀頃からだが、それ以前にはボルネオやインドネシア方面からモンゴロイド系「カヌー航海者」も訪れ、繰り返し交易や移住が行われたのだった。

マダガスカルでは紀元一世紀頃から、カヌーでやって来た彼らと、大陸から渡って来たアフリカ人との混血が起こった。その後、彼らがさらにアラブ人と混血して現在に至る。

一方その時代の太平洋世界はと言うと、ちょうど彼らと同じ人たち、つまり太平洋諸島民の祖であるラピタ人たちが西ポリネシアから安山岩線を越えて、タヒチやマルケサス諸島など「遠い」ポリネシア方面へと渡る時期、さらに彼らがタヒチからハワイへ渡ろうかと窺う時期だった。

太平洋カヌー文化が最高潮を迎えた時代と重なるのだ。

彼らはボルネオ~東アフリカ間の八三〇〇キロを約三〇日で横断した。

その航海術も太平洋諸島民と同じく、計器を全く使わず星座と太陽の位置関係で緯度を割り出し、内耳と体幹で波うねりや潮や風を捉えて進路を決定し、渡り鳥や海洋生物の動きを見て気象変化や島の位置を洞察するという、全身体的な叡智の結晶だった。

彼らの使っていたカヌーは、俗にワカもしくはヴァカと呼ばれる。

実はカヌーとは一般的な総称であり、現地人たちはワカ、ヴァカと呼ぶことの方が多く、いま一度その名で地球全体を見渡すと、広範囲におよぶカヌー文化圏の全貌がより露わになる。ハワイやタヒチでは「ワカ・モアナ」、イースター島では「ヴァカ・ポエポエ」、ニューギニアのトロブリアント諸島では「ワガ」など。ニュージーランドのマオリ神話では「ワカ」に乗った人たちが彼らの祖先として、真っ先に登場する。

ほか無数にワカ、ヴァカの例がある。

それがマダガスカルまで繋がるのだ。

そして、その先はと言うと……。

ちなみにアフリカ音楽とケルト音楽を混交させた「ヴァカ・ビヨンド」というバンドがあるが、そのヴァカもカヌーを指す。「未来へと向かうカヌー」の意味だが、非常に想像力を掻き立てられる名だ。バンドの音楽にはそれほど惹かれなかったが、バンド名には強く惹かれた。空間軸と言うより時間軸、いや時間と空間のはざまに見え隠れする未知の世界へと歩みを進めるような、そんなイメージをもたらしてくれる。

「ワカ」「ヴァカ」をキーワードとして見ると、太平洋諸国からアフリカに至るカヌー文化圏が見えてくる。そしてぼくは「ワカ山（和歌山）」に住み、カヌーの一形態であるシーカヤックに興じ、それを職業にまでしている。だからいつかカヌー文化圏の西端である東アフリカの海も旅したいと思っていたのだった。

ワカ文化継承者の端くれにでも加わりたくて。

そういうわけで最初、マダガスカルへの旅を考えていた。だが治安が悪いという情報だった。丸腰のカヤック旅人にとって、この地球上で最も危険な動物は、ほかならぬ「人間」である。海上での逃げ足は極めて遅く、身ぐるみを剥がしてやろうと意図する者にとって、最も簡単に狩りやすいカモなのだ。だがそれ以前にマダガスカルは、改めて地図を見てみると、大きすぎた。島と言うより、インド亜大陸と比べても見劣りしないほどの、大陸スケールの大地だった。一方ぼくのカヤック旅は一〇日から二〇日くらいの限られた日数の中で、瞬間的にエッセンスを切り取るような手法を得意とする。するとマダガスカルのサイズでは持て余してしまう。そもそもカヤック旅では身体感覚で大方の概観を掴むことができる、小さな島か群島サイズが適しているのだ。

またぼくは先年、南インド旅の後、モンスーン風の精を求めて、アラビア半島南東部のオマーンや、ペルシャ湾のホルムズ海峡に面したムサンダム半島を旅したのだが、そこで島世界の興味深さを再認識することとなった。さらにそれら島世界と呼応するのが、今回のザンジバル島なのであった。

オマーンは北に砂漠が立ちはだかり、南には広大な大洋が広がる、八方塞がりの陸の孤島だ。そして訪れてみて、半島の一部と言うより、島そのものだという印象を抱いた。逆に、海を介すと、世界の多方位に向けて通じていた。それが何より面白かった。

オマーン・ムクザール村

歴史的にもオマーンは、島世界の必然として、世界屈指の海洋国だった。

モンスーン交易圏の外洋航海カヌーとも言いうる帆船「ダウ船」の活躍によって築かれた島世界なのだ。交易によって栄華を誇ったシバの女王国も、アラビアンナイトにおけるシンドバットも、ヴァスコ・ダ・ガマをインド洋航路に案内した伝説の航海士イブン・マージドもみな、オマーンが輩出した海文化の結晶だった。

現在のオマーン国王は執拗なまでに他国との友好関係を築く全方位外交政策を取るが、それもぼくには島文化特有の形態として興味深く映った。オマーンは過去、植民地化されたこともあったし、奴隷貿易をしていたこともあった。また前国王時代には鎖国政策の失敗から世界最貧国に陥ったこともあった。過去の反省を踏まえ、誰にも支配されず誰をも支配せず、孤立することもなく、不安定な中東情勢の中にあって安定した社会を目指すそのやり方は、島世界のあり方として印象に残った。

オマーン各地を巡ったあと、アラビア半島北東部の突端ムサンダム半島を約一週間カヤックで旅した。海抜一～二〇〇〇メートル級の岩山が連なるその複雑なリアス式海岸には、陸路がなく、全く陸の孤島だった。

島と等しかった。

そんな辺鄙な場所にもかかわらずホルムズ海峡に面したクムザールという村には、三〇〇〇もの人が住んでいた。もちろんそこへは海路でしか訪問できない。彼らは英語、ヒンドゥー語、スワヒリ語、ペルシャ語、ウルドゥー語などが混じり合った不思議な風合いを放つ特殊なアラビア語を話していた。言い方を変えると六色が混じり合ったラーガのようなものだった。そこは今では隔絶された辺境だが、海のシルクロード時代に大いに栄えた地だった。陸上に道路網が発達した現代目線ではなく、数百年、千数百年前には陸路などなく船で往来する海のみが国境を跨いだハイウェイだったことを考えると、そこは地形的にもヒト、フネ、モノ、カネが行き交う「道の駅」あるいは「市」のような場所だったことが容易に想像できた。辺鄙な陸の孤島だからこそ逆にその要素が今でも真空パックされて残っている。それも一つの「島文化」の面白い特徴ではないかと思った。

なぜなら多言語が並列的に混ざり合うのは異文化混交や共存の証しだが、もし一方が他方を侵略したり支配したりした結果ならば、それは絶対にあり得ないからである。その場合は、勝者側の言語を敗者に押しつける形、つまり一色に塗りつぶす形を取るはずである。だが、インド音楽の「ラーガ」の例を当てはめてみても分かるように「絵の具」が六色（六音階）もあれば、森羅万象を描くことができる。つまり侵略や支配ではなく、交流や混血や共存という形を取るならば、人間文化も無限に広がる可能性を秘めているという理屈が成り立つ。

島とは一見閉ざされた小宇宙だが、海を介することによって全方向に開かれたターミナルにもなり得る。「人と人を繋ぐ」「文化と文化を繋ぐ」場になり得る。無数の魅力的な絵画を描くパレットになり得る。それが島文化の大いなる可能性ではないかと、ぼくはその村で直観的に仮説を立てたのだった。

「地球の物理的有限性に対する、島世界が描く、文化的無限性」

シーカヤックにとって危ない海だった。イラン砂漠からの砂嵐が起こす大波によって、下手したら死ぬかも知れない場面にも遭遇した。そうして二本の腕だけで苦労して漕いで訪れたからこそひらめいた直観かも知れない。楽器のように敏感な乗り物シーカヤックが生み出す、誤解を恐れずに言うと土地の精霊を呼び起こす感覚なのかも知れなかった。あるいは未来すら感じさせる百代の過客、モンスーン風の精。

南インドのラーメッシュワラム海岸で「この風には何かがある」と感じたところから始まったこの一連の流れを繋ぐべく、ぼくはさらに次の地を探していた。そしてアラビア半島を経由し、それに呼応する群島として、ザンジバル島が候補に浮上したのだった。直観を繋ぎ、何があるのか分からないその先に向かって漕ぎ進むことこそ、我が冒険だから。

そんな折、二月半ばにザンジバル島にて、三日間にわたるアフリカ音楽のフェスティバルがあるという情報を入手した。

「サウティ・ザ・ブサラ（Sauti Za Busara 音の叡智の意）」という名の、音楽と踊りの祭典だ。何万人も集まるスタジアムではなく、せいぜい二〇〇〇人くらいの会場で行われる。それもセネガル、ナイジェリア、ケニア、タンザニア、コンゴといったアフリカン・ポップスで有名な国だけではなく、レユニオン、ジンバブエ、ブルキナ・ファソなどあまり聴く機会のない国の音楽家やダンサーも出演する。観客もヨーロッパ、アジア、北中南米などあらゆる国籍の人々が集まり、一種、人種のるつぼのような熱気に包まれると言う。海の波うねりのようにグルーヴするアフリカ音楽をシャワーのように浴びる三日間。十回目を迎えるが、過去ほとんど喧嘩もなく、極めてピースフルな祭典のようだ。

シーカヤックを漕ぎ、体幹でモンスーン風を捉えながら「カヌー文化」「島文化」「アフリカ音楽」の三つを巡る旅、これだなと思った。

石の森ストーンタウン

二月頭、ヴェトナム航空ハノイ経由で関空からバンコクに飛んで一泊し、エチオピア航空に乗り換えてアジスアベバとダルエスサラームを経由、ようやくザンジバル南島に到着した。古都ストーンタウンに向かう。

一泊したせいか長い空の旅も思ったほど疲れなかったが、暑さにやられた。真冬の日本からやって来た身には体感気温が四十五度くらいあるように思われた。

まずは様子見で二日ほどストーンタウンを歩いてみることにする。十九世紀にインドやアラブの商人によって築かれ、現在は世界遺産に指定されている街だ。その名の通り石造りの建物がひしめき合って立ち並ぶ。日本で言うと、特急が止まるか止まらないかくらいの片田舎的な規模だ。歩き回るにはちょうどいいが、路地が狭く複雑で、まるで迷路のようだった。そこをあえて迷ってみる。

同じ場所に戻ったり、見当違いの袋小路に入ったり、まるで石の建物の森だと思った。どの建物も年季が入っていた。漆喰のはげ具合、壁に浮かぶカビや汚れの色合いが織りなすハーモニー、はがれたトタン、つる草のように交錯する電線、落ちそうな出窓の無造作感、一つ一つの細部に目を凝らすのが面白い。家は新しいものより古ければ古いほど味わいがある。だが地震が来たら一発でアウトだろう。震度5くらいでも崩壊すると思えるくらい、どの建物も老朽化していた。

どんなに古い家でもドアだけは立派だった。それが有名な「ザンジバル・ドア」だ。重厚な観音開きの木製扉には、どれも丁寧な彫刻がほどこされている。花や魚の骨や木の葉のような模様が描かれていることが多いが、幾何学的なものは航海術を表している。海を渡るには数学的な理知とともに、抽象的な思考や想像力を要するという意味が込められている。それが富の象徴でもあると言う。

　あちこちの路地を迷う中、さまざまな人たちが行き交う。昼間から何もせず軒先で涼んでいるオヤジたち。色とりどりのヘジャーブをまとったイスラム女性。集団でわいわい走り回っている小学生。手製の一輪車にたくさんの商品を載せ、どけどけと言って先を急ぐ商売人。白人観光客と、彼らに何かしらの物を売りつけようと必死に声を掛ける小売店の店主。すれ違いざま、いろんな人が声を掛けてくる。

ジャンボ（こんにちは）
マンボ（元気？）
カリブ（ようこそいらっしゃい）
ハクナマタータ（ノープロブレム）

サンジバル・ドア

アサンテ（ありがとう）
クワヘリ（さよなら）

基本的にほぼ英語が通じるが、挨拶のスワヒリ語くらいは誰でもすぐ覚えられる。もともとスワヒリ語とはアフリカ諸語を基調として、アラビア語、ヒンドゥー語、ペルシャ語などが混じり合ってできた言語だ。アラブ系、インド系、アフリカ系の船乗りや商人がお互い交易する際の共通語として、分かりやすく作られている。「スワヒリ」とはアラビア語の「サワーヒル（海岸）」が語源だ。つまりアフリカ東海岸で広く使われる、異文化間のコミュニケーション重視で生まれたシンプルな発音と文法構造を持つ言葉、それが「スワヒリ語」だ。まず耳に触れる音韻の風合いが面白いと思った。道行くみんなが次々ぼくにマンボやジャンボと挨拶を投げ掛けてくる。韻を踏んでいるからか、音そのものが飛んでくる感じで面白かった。小説『マンボ・ジャンボ』を書いたアメリカの黒人作家イシュメール・リードは、他言語を耳にしたとき「意味が分からなくてもまずその音楽的な響きを大いに楽しむべし」と言う。そして関西弁を聞いたときに「まるでマックス・ローチのドラムのように耳に響いた」とどこかに書いていた。その意味は分かる。だからぼくもそれに倣ってどこに行っても人々の会話に耳をそばだてる。まるで海に出て潮や風の音に耳を澄ますような感覚でそばだてる。そのやり方でアラビアの最果てムサンダム半島先端のクムザール村を漕いで訪れ、六、七種類の言語が混じり合ったクムザール語を聞いたときも、耳に触れる風合いをとても面白く感じ取った。会話の内容は全く分からないが、言語の指し示す意味は分かるような気がした。直観の流れで、気がつけば今ここザンジバル島ストーンタウンに身を置いている。だからここでもその楽しみ方をたっぷり踏襲してみる。

スワヒリ語とは十世紀頃から始まると言われるが、ヴァスコ・ダ・ガマ到来以前に、つまり圧倒的なパワーをもって侵略や支配が行われる以前に確立された言語なのだろう。そういうことは音の肌合いで分かる気がする。どこか温かみとかわいげがある言葉だ。いつか、日常会話程度は話せるようになって、沿岸諸国をじっくり長旅してみたいと思う。

海岸沿いのオールド・フォートに出てきた。フォートとはアラブ風の砦で、オマーン王朝統治時代の十八世紀に建てられたものだ。今はその跡地が公園となり、レストランや土産物屋が並んでいる。二週間後、ここでアフリカ音楽の祭典があるのだ。下見にと歩き回る。階段を上がってゆくと、フォート最上階に迷い込んだ。すると奥の一室からいきなり背の高いお兄さんがのっそり出てきた。

「ハバリ」（ご機嫌いかがですか）

「ンズリ」（いい感じです）

彼は画家だと言った。どうやらここはアトリエらしい。

スワヒリ語はここまで、あとは英語で話した。

ポレポレ・タイムとオリジナルな絵画

「どこから来ましたか?」
「日本からだよ」
「日本ですか、いいですね。トヨタとヤマハとホンダとヒロシマ・ナガサキの原爆くらいしか知らないけど。ぼくの描いた絵、見る?」

一八五センチくらいある長身の黒人。手足が長く、画家と言うよりバスケットボール選手のようだった。風の強い海表面のように白っぽく洗いざらされたブルージーンズに、ボブ・マーリーの顔写真がプリントされた白いTシャツを着ている。

彼といろいろ話をした。と言うより、いつまでも彼の話が途切れず、どこで切り上げればいいのか分からなかった。

丸刈りで朴訥な二十五歳くらいの真面目そうな若者だが、にやりと笑うとき利発的な茶目っ気が表情に出る。そしてハッとすることを言う。

大柄の割に身のこなしがしなやかで、大きな身振り手振りを交えて一つ一つの単語をきっちり発音し、だけどまくし立てるように早口で話す。まるで口の中で細かくドラムを叩いているかのようだった。

人にもよろうが、概してタンザニア人は話し好きのようだ、それも相当の。日本人同士なら普通、見ず知らずの相手に対して、用もない場合、せいぜい挨拶程度で切り上げる。だが彼はおかまいなしに「そんなことまで話すか？」という話題まで持ち出してくるのだった。物を売りつけようとか何か魂胆があるのかと思ったが、そういうことでもなさそうだった。

やがて時間感覚がぼくら日本人とは全く違うことに気づく。スワヒリ語で「ポレポレ」という言葉があるが、それは「ゆっくり、のんびりいこうぜ」という意味だ。また時間感覚だけではなく、お互い多少の言葉のミスや内容の矛盾点なども気にせず「大らかにいこうぜ」という意味も含まれている。要は何でも「楽しもう」ということか。会話も音楽のようなものということか。

時間はいくらでもある。それにこの島のことを知りたい。

アトリエ内は風が通らず暑いので通路に出て椅子に腰掛け、フォートの中庭をゆく人々を眺めながら、ぼくらはいろいろ話し込んだ。

内陸のタンガニーカ湖近くで生まれた彼は「ティンガ・ティンガ」派の絵を描く画家だった。ティンガ・ティンガとは、一九六〇年代にエドワード・サイディ・ティンガティンガという画家が確立した、ポップアートの一種だ。動物や魚や植物やマサイ族の人々などを、独特の、ややマンガ的なタッチで描く手法である。それが東アフリカの代表的な絵画スタイルとなっていて、今や観光客が好む東アフリカ土産の一つだ。不思議なことに、誰も彼もが、同じスタイルで描く。ストーンタウンではどこもかしこもティンガ・ティンガだった。彼の絵もそうだった。到着して真っ先に感じた疑問がそれだった。

ぼくらの国では、誰かが一つのアート・スタイルを確立した場合、それはその人独自の世界観であり、またその人のみの専売特許となる。それを真似するのはパクリ、模倣、剽窃と見なされ容認されない。だけどここでは、真似がどうとかオリジナリティがこうとか、誰も気にしないようだった。ティンガ・ティンガ派の画家が集まって暮らす村もあれば、長老が若手に教える工房やワークショップもある。そしてどうやら彼もそういう場所で学んできた画家のようだった。

なぜ皆、同じなのか？　彼にそのことを問うと、「同じことをよくヨーロッパ人の連中に聞かれるよ」とにやりと笑い、あまりにも明快な答えを返す。

要するに「メシが食えるから」ということだった。孤高のオリジナリティを追求する個人主義的アートと言うより「精巧な工芸作品」。その技術を身につけるとみんなが食っていける。

ここにアフリカ特有の「部族」社会性を垣間見るような気がした。おそらくエドワード・サイディ・ティンガティンガは大成功者だったのだろう。きっとアフリカではそれくらいの人じゃないと独自性では食えない。世の中には中成功者や小成功者レベルの芸術家もたくさんいて、先進国ではそういう人たちも独自性を追求してプロとして食っていける。だがアフリカではそれが無理なのだろう。

たとえて言うと、マイケル・ジャクソン、スティーヴィ・ワンダークラスの成功者だけが独自性で食っていけるという感じだろうか。一人の大成功者の手柄は一族みんなのもの。みんなでシェアし、助け合って生きていく。そんな典型的な部族的価値観の中で、就職先としてティンガ・ティンガ派の画家になるという道を選んだのが、ここにいるノッポの彼なのであった。ぼくは、あまりにもみんながみんな同じような作品を生産しすぎて少々面白みに欠けると思うが、それは恵まれた先進国の人間だからであり、彼らについてとやかく言う権利はないのかも知れない。とりあえず無難に「生きる知恵だね、興味深いな」とだけ、ぼくは言った。そして考えた。ある程度の個人主義とある程度の助け合い精神、スピーディな効率主義と、ゆったりとしたポレポレ精神、これからの世の中はそのバランス感覚が大事なのではないかと。

「あなたは日本で何をやっている人ですか?」

彼はひととおり話し切ったあと、ようやく当然中の当然の質問をよこした。

ぼくはカヤック旅について話した。日本には自然を尊ぶ文化があって、三万年にも及ぶ海文化もある。カヤックで旅をし異文化を知ることは同時に、自国の文化を相対化し再認識することにも繋がる。そう言っても彼にはあまり理解できないようだった。特にフォールディングカヤックが何なのか分からないようだった。

「カヤックとはスポーツであり、海でのサファリのようなもの。その道具を販売しつつ観光客をガイドしてメシを食ってるんだ」と言うと理解された。世界中どこでも同じだ。

彼の日本に対する知識は何より、原爆を落とされた国だということだった。これもどこでも共通している。トヨタ、ヤマハ、ホンダ、ヒロシマ・ナガサキ。世界中の庶民の間では、日本とは、まず原爆の国なのだ。しかもそれほど昔の話だとは思っていないようだ。あるいは原発事故と混同している。彼は両手を胸の前で合わせ、そして「ボーン」と言って長い手をめいっぱい開き

「あんたは大丈夫だったのか?」と聞く。ぼくは原爆と原発事故、その違いを説明した。

放射性物質の危険性のことは、知らないだろうに本質を突いていた。見えないがゆえに知らぬ間に危険が進行し、気づいたときには既に手遅れの恐れがある、何万年も毒性が消えない、だから他の凡百の危険物質とはヤバさの格が違う、そう話し切るまでもなく「そんなものを人間は扱うべきではない」と意見が返ってきた。

またこうも言った。事故を起こした時点で、目に見えないだけに「疑心暗鬼」という感情が生まれる。実際の放射能汚染あるなしは関係ない。疑心暗鬼ほどよくない感情はない、なぜならいつまでも際限なく、疑いと不安が膨らんでいくから。

「知らないのに鋭いな」とぼくは言った。

いやむしろ変な情報がないからそう言うのだった。利害の絡まない普通の人間が普通の神経で考えたら、こういう意見になるという典型。全く関係のない者の方が、しがらみなく、色眼鏡をかけず、素直に本質を見るという好例だ。原発事故や放射能についてさまざまな情報を聞かされ続けると、妙に慣れっこになる。むしろ当の日本人の方が本質を見失っているのかも知れない。

ぼくは何気なく「原発や放射能によって復興も遅れ、大損害だ。プルトニウムの語源は地獄の冥王プルトーから来てるって言うし、ま、悪魔の仕業みたいなもんだな」とつぶやいた。すると彼はにやりともせずさらりと面白い答えを返した。

「悪魔? この世にそんなものはいないよ」と。

オヤッと思った。彼の話の中で、初めて引っ掛かりを覚えた台詞《せりふ》だった。

「デヴィルやサタンなんてものはこの世に存在しないさ。だけど人の心の中のイーヴル（邪悪さ）という心の動きはある。それが結果的に原爆投下や原発事故を導いたのだけど、投下された原爆や事故を起こした原発、そして放射能そのものは物質にすぎない。つまり全てを生み出した創造主の下での一物質となるわけだから、デヴィルとかサタンとか、そういうものではない。そもそも、そんなものはいない」

このデヴィル（devil）とイーヴル（evil）の使い方が独特で、とても興味深いと思った。東アフリカのスワヒリ語圏はムスリムが大多数を占める地域だが、彼もムスリムだった。

「それってイスラム教の考え方なの？」

「実際の教えなのかどうか、そこまで分からないけど、ぼくはそう思う。心は自由の領域ってことさ。だからとことん良くもなるし、邪悪にもなりうるってこと。だからこそ、信仰ってものでコントロールするのさ」

肩をすぼめて、再びにやっと笑って、そう言った。

別に教義に即しているのか、いないのかは、どっちでもよかった。また、「心の中の邪悪さ」も、創造主が作った「もの」の範疇に入らないのか、という疑問も残る。いや創造主うんぬんは関係なく、邪悪な心の動きこそが悪魔なのではないか？　先に言った疑心暗鬼はどうなのか？だがそれより彼の感覚が面白かった。彼の実体験から生まれたものなのか？　何か独自的な引っ掛かりを感じた。きっとオリジナリティのある絵を描ける人だと思えた瞬間だった。

彼はさらにマシンガンのように続ける。

「ぼくは今ここに存在している。こっちには原爆とか原発事故はなかった。だけど奴隷制や植民地支配、内戦というとんでもない悲惨があった。それは確かに邪悪な心の動きが生んだものさ。だけど巡り巡って今、ぼくがここに存在する。皮肉だけど、もし悲劇の歴史がなかったら、ぼくの父ちゃんも母ちゃんも、じいちゃんもばあちゃんも出会ってなかったかも知れない。そうすると、西暦何年の何月何日何時何分何秒に数億の中の一つの精子と卵子が結合してぼくができるというタイミングも生まれなかったはずさ。とすると今ここにいるのは、ぼくではなく別の誰かだろう。だけど今ここにぼくがいる。そしてぼくはデヴィルでもサタンでもない。あんたもそうさ。原爆とか戦争とかがあったからこそ、今ここにいるのかも知れないよ」

「それは屁理屈だよ、飛躍させすぎ」

ぼくがそう返すと、またにやりとして言った。

「ジョークだよ、ジョーク。心は自由なのさ」

ぼくはその後、たくさんの人と話をしたが、彼との一連の会話がもっとも印象に残った。「なるほど」と意味が分かるところもあったが、内容と言うより会話のリズムが音楽そのもので、耳に心地よかった。しかしこの時点では、その内容までもがナゾナゾのように後から効いてくることなど、考えてはいなかった。

ザンジバル島の歴史

ザンジバル島の歴史は複雑で、しかも世界の縮図のようだ。もちろんその歴史もある程度この旅の前に学んできたが、どちらかと言うとザンジバル島を意識してと言うより、海洋国オマーンへの旅の中で知ったことだった。

オマーンとザンジバル島は呼応している。

東アフリカ沿岸部一帯が文物としての歴史に登場するのは紀元十世紀以降だ。もちろん以前からアフリカ黒人たちが住んでいたが、文物の上では十世紀から十五世紀にかけて、「シラジ人」と呼ばれる人々によって東アフリカ一帯が開かれたとされる。シラジ人の故郷は中世ペルシャ、現在はイランに位置する「シーラーズ」という都市だった。シーラーズはインド洋交易によって大いに栄えたが、権力の乱れと大地震による没落の兆しを察した商人や船乗りたちが、インド、南アラビア、そして東アフリカ各地へと散っていった。

ザンジバル島もその移住先の一つだった。

あくまで想像だが、彼らと先住のアフリカ黒人たちとの関係性は理想的とまでは言えなくとも、比較的穏やかなものだったのだろう。なぜならその頃に確立されたスワヒリ語は、あくまでアフリカ諸語を基調にして形作られたものだからである。侵略の場合ならそうはならない。何よりその音韻の響きには温かみとかわいげがあり、そして世界中の汎アフリカ系音楽に刻印されている、どこかファンキーでヒップな色合いがある。

東アフリカ沿岸部は、交易とイスラム教文化の浸透による静かな繁栄を遂げていった。

だが、そこにヴァスコ・ダ・ガマ率いるポルトガル艦隊が東アフリカ沖にやって来て、騒々しい時代が幕を開ける。一四九八年、ガマはヨーロッパからアフリカ最南端を通ってインドへと至る航路を開くべく、探検航海の途上だった。だが彼らは広漠たるインド洋を前にして、先に進めなくなった。そこまでの航海術を持っていなかったのだ。そこで海洋国オマーンの優れた航海者、イブン・マージドを水先案内人として雇い入れたのだった。インド洋交易圏は既に、オマーン王国によって、釘一本使わず作られる帆船「ダウ船」によって、隅々まで航路が確立されていた。だからヴァスコ・ダ・ガマ一行は難なくインドへと渡ることができたのだった。だがその恩を仇で返され、一五〇七年、オマーン王国首都マスカットは、ポルトガル軍によって占領されたのだった。

ポルトガルは、オマーンの港町マスカットを拠点に、東アフリカへも勢力を伸ばした。ところが、オマーン王国にとってはむしろ僥倖だったというのか、それがきっかけとなって大発展を遂げる。マスカット港はインド人、ポルトガル人ほか、幾多の国の商人がひしめく一大拠点となったのだ。さらに、イスラム世界の覇者オスマン帝国がマスカット占領をもくろんでやっ

ダウ船の残骸、つわものどもが夢の跡（オマーン・マジーラ島にて）

て来たが、それもポルトガル軍が撃退した。そうしてポルトガルの傘の下、オマーン王国は力をつけ、一六五〇年、ついに当のポルトガルをも追放する。

そしてオマーンは、はるか南に位置するザンジバル島に進出する。

だが、ここからが奴隷貿易という悲劇の始まりだった。またぼくがザンジバル島をオマーンと呼応する島世界だと見なす出発点は、ここにある。

十九世紀に入ると、オマーン王国にさらに追い風が吹く。インド洋通商ルートの覇権を巡って英仏戦争が始まると、航路上、極めて重要な拠点であるオマーンは両国から中立国であることを迫られた。

それと引き替えにインド洋物資の輸送を一手に引き受けたのだった。

さらにオマーンのサイード王は一八三二年にザンジバル王朝ストーンタウンを建設し、アフリカとインド洋沿岸各地を結ぶ航路の中継点とした。王に重用された、商才に長けるインド商人も、ストーンタウンに人口を増やした。ここから大規模な交易が始まる。

その主たる輸出品が象牙と奴隷なのだった。

彼らはキャラバン隊を組み、各地のアフリカ人奴隷商人とも手を組んだ。タンガニーカ湖やビクトリア湖周辺、そしてさらに奥地へと奴隷を求めて進みゆく。東アフリカ各地から捕らえられた奴隷は、いったんザンジバル島に連れて来られ、市場で売買された。買われた奴隷たちはヨーロッパやアラビア半島やインドに連れて行かれた。ザンジバルで奴隷制が廃止されたのは一八九七年のこと。それまでに数百万人が売られていった。

奴隷制が廃止されても暗い歴史は続いた。ザンジバル島はまずドイツ、続いてイギリスの植民地となった。同じ頃、アフリカ各地で植民地支配への抵抗闘争が起こったが、すべて圧倒的な武力の差で鎮圧された。ザンジバル島ではたった四十五分でひねり潰された（最短の戦争としてギネスブックに記載）。

そして悪名高い「分割統治」が始まる。アラブ人（主としてオマーン人）は「クローブ生産」、インド人は「商業と金融業」、アフリカ黒人は「肉体労働」といった具合に、職業が人種別に区分される。また宗主国イギリスは大陸からのアフリカ人を大量に流入させた。そしてアラブ人、インド人を優遇する露骨な人種差別政策によって、意図的にアフリカ黒人たちの反アラブ・インド感情を高めてゆく。

一九六三年、植民地支配が終わり「ザンジバル王国」として独立する。と同時に、宗主国の存在によって押さえつけられていた反アラブ・インド感情が一気に爆発する。一九六四年一月にアフリカ黒人たちによるクーデターが起こり、約一万人に及ぶアラブ人、インド人が虐殺された。そして「ザンジバル人民共和国」を樹立したのだった。

その後タンザニアと合併し、「タンザニア連邦共和国」の一部となり、今に至る。


この「植民地化」「分割統治」「差別・民族対立」「独立後の内戦・虐殺」という流れは世界定番のフルコースで、ソマリア、ルワンダ、スーダン、あるいはミャンマー、スリランカなどどこでも見られる構図だ。そこにザンジバル島では奴隷貿易という、酸鼻を極める悲劇が絡むのだ。もし、ぼくも奴隷の一人だったとしたら、と想像する。世界中の誰もが一度は想像してみるべきなのかも知れない。

ザンジバル島の未来

そんな歴史を振り返ると、やはりその流れと呼応するオマーン王国の存在に、再びぼくの目は向く。モンスーン風の通路としての地政学上、オマーン王国こそ常に、ザンジバル島の歴史に大きな影響を与えてきた存在だった。しかし今はそれほど密接ではない。

では現在のオマーンはどういう状況なのか？　それを考えるとき、現オマーン国王スルタン・カブース・ビン・サイードが展開する全方位外交路線が、ふたたび特徴的なものとして浮かび上がってくる。欧米諸国やイラン、イラク、そしてパレスチナ、イスラエル、あるいは北朝鮮、世界中のあらゆる国と徹底的に友好関係を結ぼうとする外交政策。または敵対国間の仲介者的役割という稀少な立ち位置の、確立路線だ。

それは間違いなく歴史を反省したところから来ている。過去に植民地化されたこともあれば、奴隷貿易に携わったこともあった。鎖国して大失敗した記憶も新しい。そんな「島世界」「海洋国家」の酸いも甘いも経験した深淵から、誰にも支配されず、誰をも支配せず、閉鎖して孤立することもなく、安定した成熟社会を目指す路線である。もちろん複雑なパワーバランスが支配する国際政治は甘くなく、対内的には「絶対君主」としての権力を一身に有する立場である。けっして一筋縄では立ちゆかないが、すべてのしがらみを引っぺがし「裸の王様」にしてみた一個人のその魂に描かれる理念そのものは、島文化として、海洋文化のあり方として、普遍性あるものに映る。それはスワヒリ語や、クムザール語の形成に見られるような「対称性」への志向性なのかも知れない。あるいは、異文化融和と共存を是とする「クレオール思考」なのかも知れない。

ぼくがそう思うのは、地獄をかいくぐった当の奴隷たちの末裔が文学表現のうえでより深化させた、クレオール哲学とも似た風合いを感じるからである。ザンジバル島と反対側の西アフリカの奴隷たちは北米、中米、南米へと連れて行かれたけれど、中でもカリブ海の島々では彼らの末裔が二十世紀後半にクレオール文学という一つの大きな潮流を生み出した。北米のジャズやブルースはもちろん、レゲエやサルサやブーガルーやカリプソなど中米の音楽も好きなぼくは、カリブの島々の文学作品もこなよく愛す。その内容は全体的な傾向として徹底的なまでに「異文化混交」「多言語主義」「混血礼賛」「対称性（平等性）」を志向している。それはとりも直さず、誰にも支配されず、誰をも支配せず、閉鎖して孤立することもなく、と切望するところから導き出された哲学だった。何百万、何千万の人たちが涙を流し、愛する者から引き離され、血を流し、永劫のような苦役を課せられ、想像しうるあらゆる地獄と深淵をかいくぐったところから醸造された思想であり、呪詛や怨嗟や怨念をも昇華した、極めてシンプルな叡智だった。

その代表的な作家であるマルチニーク島出身のエドゥアール・グリッサンはこう言う。

「われわれは深淵を経てきたことで成長し〈すべての事象（傍点筆者）〉の中に、〈関係〉の知を解き放つ。アイデンティティとは根にあるのではなく、関係性にあるのだ」（『関係の詩学』菅啓次郎訳、インスクリプト刊）。

それは一方が他方を一色に塗りつぶす抑圧の関係性ではなく、色と色とが対等に並び合い、新たな絵画を描いてゆく平等の関係性を言う。素っ裸にしてみたオマーン国王の魂が描くヴィジョンもそれではないか？　ではザンジバル島は？

美しい風

数日後、南東海岸部のパジェへと移動し、カヤックを漕ぐ。

一直線に伸びる白砂のビーチ。

ほどほどのリゾート感と、鄙《ひな》びた漁村の趣が共存していた。浜のところどころに木造の古いアウトリガーカヌーが、うち捨てられたように置かれている。廃船のように見えるがその実、未だ現役で使われているようだった。船体の傷、緩やかな木のカーブ、錆びた釘から広がる赤茶けた染み、剥げた塗装。やはりアフリカでは、こういう生活の中で使い古されたものが、最も美しいのかも知れない。プリミティヴな風合いに強く惹かれる。

漁師はアウトリガーカヌーや刳《く》り舟に乗って刺し網を仕掛ける者と、浜から地引網を引く者とに分かれる。獲れた小魚を見て驚き、白人ファミリーの小さな女の子や男の子たちが嬌声を上げている。数キロ先の浜ではカイトボーディングが盛んなようだ。色とりどりの凧《カイト》が空を彩る。ほかジョギングする者、読書する者、泳ぐ者、作業する漁師、犬などが、それぞれ広い空間に散り、薄いグリーンの海と青い空の中に溶け込んでいる。常に絶えることのない、夢見心地を誘う、風と波の音が混り合ったザワめき。景観を縁取るように水平線に向かって濃紺に伸びるのは、リーフ外の大洋だ。すべてが調和する優雅な光景だった。


そしてカヤックで浮かぶ。

「ああ、この風か」と、ため息をつく。

瞬間、胸が締めつけられそうになる。

ここは海に浮かぶや否や、心の中でエッセンスが結晶化する、モンスーン風の特別席のような場所だ。インド洋はるか彼方から渡って来て、アフリカ大陸へと吹き抜けてゆく風。モンスーン交易圏の文化や人々の命運を司ってきた母体だ。

もしこれと違う風だったならば、海を媒介とした文化は生まれなかった。東アフリカは土着のアフリカ黒人だけの土地だったかも知れないし、交易による栄華もチャーミングな響きをもつスワヒリ語も石の森のようなストーンタウンもなかった代わりに、奴隷貿易という悲劇も存在しなかっただろう。

地理的に、北アメリカへは西アフリカからだが、東方世界へはここが中継地として最適だったのだ。

ハブとして絶好のロケーションであったがゆえ、風に運命を翻弄されてきた人々。そのことを想うと過剰反応のように胸がしめつけられるのは、ぼくもまた風ひとつに運命を握られるシーカヤッキングを職業としているからかも知れない。風の角度が五度十度変わっただけで、生きるか死ぬかの瀬戸際に陥ることもある。いや、自分だけならまだしも、リーダーとして、誰かを死なせてしまう危険性も孕む。だからか、風や波を心底呪いたくなるときもある。きっと風に対して多感症になっているのだ。

ここでの風はとびきり心地よく、海は美しかった。

悲劇など感じさせる要素は微塵もない。

それゆえに、胸が……

ここパジェを訪れたのは、モンスーン風を感じることと同時に、三浦沙織さんという日本人女性が二十年前にたったひとりで開いた「パラダイス・ビーチ・バンガロー」を訪問して話を聞いてみたいという理由もあった。そこはビーチフロントの宿、いつでも海が見渡せ、常に海との心地よい関係性を保てる空間だった。海から帰って来てクールダウンしつつも、海から意識を切ることなく音楽を聴いたり本を読んだりするのが好きなぼくには最適だった。二〇人ほどいるスタッフたちはみな親切で、アフリカ料理に日本人向けの味付けを施した料理がおいしかった。宿泊者にも面白い人が多かった。

北海道出身の三浦さんは若い頃、和歌山でFMラジオのパーソナリティーをしていたこともあると言う。ザンジバル島まで来て、三浦さんの口から湯浅や和歌浦などローカルな地名が出てきて驚いた。しかし、なぜザンジバル島だったのか？　日本から遠く離れた、縁もゆかりもない土地。それも二十年前というとかなりマイナーな場所だったはずだ。

昔、バックパッカーとして世界をあちこち旅していた。次はアフリカに行こうと日本を出て、最初に訪れたザンジバル島が気に入った。そしてそのまま居着いてしまった。

「たまたま訪れたこのパジェの海と砂浜を見たときに、ヤシの木が揺れ、鳥たちが鳴き、潮騒に包まれ、潮風が頬を撫でる……、ここに立っているだけで、何か、お帰りなさいって言われているような気がしたのよ」

同じように美しい海岸線は世界中たくさんあるのになぜ？　そう言うのは野暮である。きっと三浦さんにしか分からない何かがあるのだろう。

もっとも最初は、別にずっとバンガローをやり続けるつもりでもなかったと言う。「いつでもやめよう」「いつでも違う場所で違うことを始めたらいい」、そう思いながら、気がつけば二十年が経っていた。「気がつけば」とさらりと言うが、その間、十八回もマラリアにかかったり、意地悪な人に嫌がらせをされたり、数々の大変な目にも遭ってきたそうだ。アフリカでは常識の通じない事柄が往々にして起こると聞く。誰かが何か商売を始めるとよからぬ有象無象が寄ってきて邪魔したり、利益を横取りしたりすることもある。銀行口座の数百万ドルが、ある日突然どこかに消えるという悪夢のような話も時折聞く。ここパジェでも、ドイツ人経営者が宿そのものを乗っ取られた事件もあったそうだ。そんな環境だからこそ余計、たった一人の日本人女性の力で、着実にバンガローを発展させてきた三浦さんのバイタリティー、根気、パワーに感服した。

やはり強く感じる何かがある場所なのだろう。

ぼくは、その人にとって普通の海とは違う「別の海」というやつについて想う。

本当の海好きは誰しも、自分だけの「別の海」を持っている。時として、そいつを求めて旅に出る。

フランスの作家ル・クレジオの小説に「海を見たことがなかった少年」という短編がある。そこに「別の海」の話が出てくる。内陸に住む中学生の主人公はこれまで海を見たことがなかったが、海に強い憧れを持っていた。教室ではクラスメートたちが海の話をしている。テレビに映る釣りや海水浴の話で盛り上がる。だけどそんな話は彼にとって何の魅力も感じられなかった。彼らが言っている海とは異なる「別の海」、それこそが自分の心に広がる「本物の海」なのだった。いつの日か彼は寄宿舎を飛び出し、貨物列車の荷台に隠れて海への旅に出た。何日も何週間もかかってとうとう本物の「別の海」に辿り着く。彼は海と深く交歓する。もう学校のことなどすっかり忘れていた。そして彼は帰って来なかった。その後、彼がどうなったのか誰も知らない。

そんなストーリーだ。

自分にしか聞こえない風や波の呼び掛け。

ここが三浦さんにとっての「別の海」、つまり心に広がる「本物の海」だったのか。いや、徐々にそうなっていったのかも知れない。最初はあくまでも偶然で、やがて必然に変わっていったというふうに。だが、そこまでのことは聞いて分かるものではない。

「やめよう、やめようと何度も思ったけれど、やり続けてきてほんとによかったと思うわ」と言う笑顔がとても印象に残った。

ぼくはバンガロー前の浜から毎日出艇し、リーフ内外を行き来した。リーフの切れ目から外洋に出た瞬間、尻の下でうごめく波うねりの超越的なエネルギーを感じた。そいつが身体の芯を貫き、その上を踊るように進むのは怖いと同時に楽しかった。場所は関係なく、けっして飼い馴らされない野生を感じさせる海が、ぼくにとっての「別の海」なのかも知れなかった。ときどきキハダマグロの群れがボイル（表層の小魚を追って海面を沸き立たせるさま）したり、イルカの群れと並走したりした。海だけではなく、海上から見る島も、リーフの内外では印象が異なっていた。その対比が面白かった。アウターリーフでは潮も走っていて、漕ぐ手を止めると、眺める島が動いていた。もちろん本当はぼく自身が流されているのだが、島の方が動いているようだった。どこかに進んでいるようにも思えた。島自身がカヌーとなり、インド洋を旅している趣だ。リーフ内では全くそんな感じはしなかったが、野生味の強いリーフ外へ出た途端、島が大海をゆく意思を持った存在として感じられるのだった。ザンジバル島というこのカヌーは一体どこに向かって進みゆくのだろうかと思った。

海から戻ると三浦さんが興味津々で近寄ってくる。そして「うわー、それ、わたしもやりたい」と、あっと言う間にカヤックを乗っ取られた。このノリのよさが、見知らぬ異国の地で運命を切り開いてゆく原動力になっているのかも知れない。カヤックの操作方法を教えるとすぐ海に出ていった。早朝、彼女が漕ぎ、日中ぼくが漕ぎ、夕方また彼女が漕ぐというパターンが何日か続いた。地球が回転する星であることを実感する、海から直接招き入れられるこの地の朝日。それとともに彼女は漕ぎ出し、リーフの近くまで寄ったあと、次にリーフ内を平行に進んでゆく。その間、浜辺で二匹の愛犬がじっと彼女を見つめていた。

やがて他の宿泊客もカヤックに興味を持ち始めた。ぼくはここでは一日のうちに三時間ほどリーフを出入りしてモンスーン風を感じるだけでよかったので、希望者には快く漕ぎ方を教え、みんなに使ってもらった。旅の道具を人に使わせることに何ら問題はなかった。穏やかなリーフ内なら初めての人でも安全だ。人が海に浮かんでどう感じるのか観察するのがぼくはとても好きだ。それを見るのが面白くてガイド業をやっているようなところもある。海はあらゆる人を開放的にする。たとえ気の合わなさそうな人同士であっても、一日一緒に海で過ごせば、笑顔を交わし合えるものだ。それもまた、世界どこでも、カヤックが生み出しうる「別の海」的要素である。

さすがザンジバルまで来る旅行者は、自分自身の楽しみ方を知っている。いつのまにかカヤック使用における不文律の時間割のようなものができていた。

興味を持った新しいゲストには改めて漕ぎ方を教えた。

それを見ていた、一人のアメリカ人がいた。

バンガローに併設のレストランで、彼がぼくに言った。

「きみ、このあとペンバ島に行くって言ってたね。あそこには海辺に超高級リゾートがあるから、そこで宿泊客相手にカヤックのガイドをしてみないか? 日給以外に一泊八〇〇ドル以上する部屋に泊まって美味しい料理を食べさせてもらうこともできるかも知れない。ちょっと話をしといてやるよ」と言って、携帯電話で誰かと話し始めた。

ぼくに話し掛けてきたその人物とは、長年ストーンタウンに在住する、ニューヨーク出身の初老の紳士だった。いくつかのホテルを経営するザンジバル財界の重鎮的存在であり、ぼくのこの旅の目的の一つであるアフリカ音楽の祭典「Sauti Za Busara」の創始者の一人でもあるらしい。氏は数日前にストーンタウンで路上販売のフレッシュジュースを飲んで肝炎にかかり、療養がてら三浦さんのバンガローで過ごしているのだった。彼が言うには、どうやらぼくが無料でみんなにカヤックを教えることに感銘を受けたようだ。アフリカでは、特に観光地では、そんなことはありえないだろうと。特にぼくが、彼の付き人である若い黒人にもカヤックを漕がせたことを、とても喜んでいると聞かされた。

ぼくには不思議だった。ただ使いたい人に使ってもらうだけで、減るものでもなく、何かが奪われるわけでもない。普通の感覚からすると旅先で軽くカヤックの漕ぎ方を教えるくらいでお金をもらうなんてありえない。なんて大げさなのだろうと逆に驚く。これくらいのことで感銘を受けるとは、外国人がザンジバル島で暮らす中で、うんざりするほどややこしいことがあるからなのかも知れない。

肝炎もだいぶ快方に向かっていて、ご機嫌うるわしいようだった。口ぶりからすると、くだんの超高級リゾートは氏が経営しているわけではないが、人的に深い繋がりがあるらしい。

ぼくはありがたく話を傾聴しながら、困っていた。仕事としてカヤックガイドをする場合、気象海況とお客様双方に神経を使わなければいけないので、かなり意識を高めないとできない。だが、一体どんなリゾートなのか見てみたい気もする。やるやらないは別として、こういう思いがけない話をきっかけとして、旅が面白く展開する可能性もある。これも即興モチーフの一つとして、思いがけずテーマに絡んでくるかも知れない。とりあえず、行って見てみようと思った。

奴隷市場跡の石像

ペンバ島へのフェリーに乗るため、いったんストーンタウンに戻る。時間があったので、奴隷市場跡を見学に行った。ザンジバルの暗部として残る深い傷跡だ。芝生の庭に、水のない池のような長方形の一角がある。そこに首をチェーンでロックされた四人の奴隷と、ボスらしき一人の男の石像が立っている。それ以外何もなく、全く静かだ。その敷地内に、自由と平和への祈りが込められたキリスト教の大聖堂が建っている。地元のキリスト教徒が訪れ、結婚式にもよく使われると言う。

それがぼくには分からなかった。

数百万人の先祖たちの悲劇と怨嗟の渦巻く起点となった場所で結婚式を挙げるというのは、一体どういう心境なのだろうか？　胸が痛まないのだろうか？　だが、静かに無為な午後の時間が過ぎてゆくこの場所でしばらく佇んでいると、やがて、むしろそれがいいことのように思えてくるのが不思議だった。結婚式という、人と人が結びつき、未来の新たなる生命が誕生する起点となるセレモニーをここでやるというのは、断然祝福されるべきことなのかも知れない。

本来、未来は過去によって決定されるものではない。歴史とは必然ではなく、あくまでも他のさまざまな可能性の中からチョイスされた、一つの選択結果なのだから。やり方によっては全く違う歴史になっていた可能性もある。過去が現在を決定すると考えるのではなく、未来から現在を考えること。過去とは、よりよい未来への意志的選択のための、判断材料。逆にそうじゃないと、救われないだろう。

エドゥアール・グリッサンの言葉を思い出す。

「われわれは深淵を経てきたことで成長し〈すべての事象〉の中に、〈関係〉の知を解き放つ」

ここで結婚式を挙げるというのも、未来へ関係を解き放つ儀式なのかも知れない。

ノッポの画家君の言った、あの言葉も浮かび上がる。

「悪魔なんていないよ」

未来の方から現在を考えるとすると確かにそうだ。未来は善でも悪でも、天使でも悪魔でも、天国でも地獄でもなく、何の影響も受けず、今のところ無の領域である。だが全ての可能性が内包された充実した無である。つまり自由なのである。過去によって支配されない領域なのだ。未来から現在を考える思考法において、確かにこの世に悪魔なんていないのかも知れない。そう考えると、彼はなかなかに深い奴だ。それともアフリカ黒人たちによく見られる思考法の一つなのか？　未来志向というやつなのだろうか？　グリッサンの言う「関係」も未来を志向する。それは仏教の言う「縁起」と同じものなのかも知れない。新たな縁や関係が生み出す「未知」は未来なのだ。だが、仮にそれが正しいとしても、原発事故を味わったぼくら日本人からすると、海を放射能で汚染されたシーカヤッカーからすると、やはり放射性物質は悪魔だと思う。何万年も毒性が残るということは、人類史レベルで未来の可能性までロックされてしまうことになるからである。それは元来「生態系」内には存在しえないものだ。「邪悪さ」や「カルマ」も、「許し」や「慈悲」によって消えうる生態系内の存在だが、目に見えず、聞こえもせず、五感ほか全身体感覚や、心の目までフル稼働しても感知できないプルトニウムは、許しや慈悲や科学技術をもってしても昇華されず、一〇万年霧消することのない、本来は生態系外にいるべき悪魔だ。

ジキジキとモンスーンの風

ストーンタウンは夜でも一人歩きができるほど安全な街だったが、ポン引きとヤクの売人が多かった。彼らがしつこくつきまとってくる。だが、彼らもローカル事情を聞き出す意味では役立った。こういう連中は深く関わりさえしなければ、情報源としては最高なのだ。そろそろ「Sauti Za Busara」の開催に合わせてダルエスサラームやナイロビからいろんな輩が出稼ぎに来るらしい。売春婦は、一見してそれと分かるケバくエロいタイプではなく、むしろジーンズに白いTシャツなど、一般人にしか見えない地味な格好をしている。そのほうがヨーロッパ人に受けるからだと言う。何日間かの愛人契約を結び、恋人気分の日々を過ごすようだ。日本で言う援交みたいな形か。道に迷うたび、いつも同じ場所に行き当たって一人のポン引き君に出くわした。やがて顔見知りになり、雑談がてらそんなことを教えてもらった。この島に多いスリの手口まで教えてくれた。

雑談のあと彼はいつも商売の本題に入る。

「で、ジキジキ、どうよ、ジキジキ」

それを聞いてひどく懐かしい気持ちになった。ジキジキとは、インド、インドネシア、ミャンマー、スリランカなど、東南アジア一帯に広まるセックスの俗語だ。それをザンジバル島でも聞くとは思わなかったが、考えてみれば当然だ。これも船乗りが広めていったものの一つ。ぼくはその言葉の響きに、やはりモンスーンの風を感じた。居ても立ってもいられない、早くペンバ島へ渡ってカヤックを漕ぎたくなった。

「日本語でジキジキは何て言うんだい？」

「エッチする、だよ」

「今からどう？　エッチする？　いい女いるよ」彼は早速、応用した。

「いらんよ、それに今からフェリーでペンバ島に行かなきゃならんからな。このあと夜十時発だ」

「ペンバ？　あんな、何もないド田舎に何しに？　女もいないぜ」

ポン引き君は大声で何度も「エッチする、エッチする」と繰り返して、去っていった。黒人系のスワヒリ語話者に特有の、舌を巻き込んだ発音が、おかしかった。

アジアの香りとハンドメイド・アフリカ

ペンバ島へのフェリーは悪評高く、ここ二、三年で二度沈み、いずれも数百人の犠牲者を出している。正月の帰省時期など、ありえないほどオーバーブッキング運行をするので、ちょっとした嵐で転覆してしまうのだ。アフリカやインドネシアの離島などではその手の話をよく聞く。途上国では人の命の値段がおそろしく安い。

日本でそうした事故についてのニュースを聞かないのは、邦人および先進国の犠牲者がいないという理由だけだ。

フェリーの客室の壁に日本語で「昭和二十八年」と書かれていた。

ペンバ島に着くとアジアの香りが濃密に漂っていた。

バリ島やジャワ島のような、水田が広がる、緑溢れる熱帯の島。やはり紀元一世紀頃からマダガスカルに移住したモンゴロイド系カヌー海洋民は、ザンジバル島にも来ていたに違いないと思わされた。マダガスカルと行き来していた連中がいたのではないだろうか？　その後イスラム色が強くなる中、イスラム系でもアフリカ系でもないモンゴロイドは、次第に居づらくなって立ち去ったのではないか？　または混血して完全に同化したのか？

そう思わせる懐かしいようなアジアの香りが漂っていた。同時に、手がかりはそれだけの気がした。長い年月が過ぎ、モンゴロイドたちがやって来たカヌー文化圏としての物的証拠は、見つ

ハンドメイドの風合いが素晴らしい

かりそうにないように思えた。だが、この空気感だけで一つ満足だった。

フェリー到着地のムコアニ港近くからカヤック出艇。ここからリゾートを目指す。

マングローブ樹林帯が複雑な水路を形成している。泥をたっぷり含んだ濁り水だが、汚染されているのではなく、小さな生命をたっぷり含んだ豊かなスープだ。サバニに似たカヌーにダウ船の三角帆を付けて走る漁船と、頻繁にすれ違う。すべてが手作り感に満ち、年季が入っていて美しい。プリミティヴな風合いに心惹かれる。みな一人か二人で漁をしていた。風に乗り、平べったい小さな木を船尾に当て、舵を取っている。

時折、船外機付きの小舟も通る。全長一五メートルくらいの細長い木造伝馬船に、三〇人近くが乗っている。ここでは超オーバーブッキングが常のようだ。ペンバ島には周囲に小島が無数にあって、貧しいが慎ましく暮らしている現地人たちが無数にいるのだった。人口はほぼ黒人系が占めている。

リゾートに到着。村そのものを買い取ってハイダウェイ（隠れ家）的に開かれたリゾートは、確かに超高級感が出ていた。プールやレストランはもちろん、調度品からゴミ箱に至るまでこだわりの品で統一されていた。一泊千ドルから、スイートで一万ドルほどする部屋もあるらしい。確かに素晴らしいと思うのだが……。

「ようこそ」と笑顔で現れた支配人は、アイルランド系の年齢不詳の小柄な女性で、威圧感は全くなく、独特の優雅さを漂わせていた。

どうやらこのリゾートは、シットオントップ・カヤックを何艇も所有しているようだ。沖合に「ミザリ島」という外周二キロほどの美しい無人島があって、ダウ船に客とカヤックを載せてそこまで渡る。到着したら客と一緒にカヤックで島を一周する。途中でシュノーケリングを楽しんだり、ランチを食べたり、ゆったり過ごす。そんなオプショナルツアープランを前々から考えていて、もしガイドできる人がいたら雇いたいという話だった。なるほどと思った。しかし仕事をするなら就労ビザとかいろいろ問題あるだろうと思うのだが。

しばらく雑談した。

やはり仕事を意識すると、適当にはできなくなる。何より、テーマを踏まえた即興旅の流れが中断されてしまう。

「ガイドするとなると仕事モードの頭に切り替えないといけないので、申し訳ありませんが、お断りさせていただきます」と詫びを入れた。彼女は「了解、気にしないで。よく海から訪ねてくださいましたね。ゆっくりしていってください」と言い、その後、高そうなランチをごちそうしてくれた。日本人相手ではないので「ノー」と断っても変に気を遣う必要もなく、その点やりやすかった。

再び漕ぎ出す。隣村に来ると、泳いで遊んでいた子供たちに捕まった。少し漕ぎ方を教えるとカヤックを乗っ取られたのだ。さっきまでの高級リゾートと、フルチンで遊ぶ子供たち。一泊数千ドルと、一日一ドル以下で生活する人々。これが世界なのだと複雑な気持ちになる。だがぼくは、高級リゾートのお客様にカヤックツアーの引率をするよりも、ここの連中といっしょに遊ぶ方が面白かった。ノリのいい子供たちを見ていると心が和んだ。カヤックの前後が逆だし、パドルは左右反対だけど、まるで野球のバットを逆さまに持ってホームランを打つ子のように、滅茶苦茶ながらうまく進めている。

素晴らしいセンスを感じた。

ペンバ島は、みんな貧しいけれど、飢えることはないようだ。バナナやパンの木など食料は自生しているし、お互い助け合って暮らしているので、スラムのような殺伐とした雰囲気はない。世界中どこでも離島の文化は共通している。これが下手に開発されて、マングローブ林を壊し、野や森をコンクリートで埋めてしまうと、人は途端に飢えるのだ。イスラム教の影響もあるだろう、ここは慎ましく暮らすことを是とする穏やかな人々の島でもある。だが、彼らのような子供たちも大きくなって島を出て、大都会で仕事にあぶれるようになると、途端に不良になってしまう。アフリカの大都市、ナイロビやダルエスサラームやケープタウンやヨハネスブルグはそんな連中に溢れた街だ。

ここの子供たちが大人になったら、さっきの高級リゾートでガイドの仕事をすればいいと思う。あるいは新しきアフリカ人アウトドア文化の担い手に。

アフリカでも南北アメリカでも、アウトドア活動を楽しむ黒人はほとんどいない。だからこそ、大きなフロンティアだと言える。黒人の中産階級がサーフィンやクライミングやカヤックを普通に嗜む時代が遠からず訪れるだろう。そう彼らに伝えてやりたかったが、ぼくはスワヒリ語が分からず彼らは英語が分からなかったので、話せずじまいだった。

海上では地元の漁師によく出会った。一帯が広大なラグーンを形成していて、外海と海水の行き来もあるので魚影も濃く、漁師が多いのだ。極めて簡素なカヌーでガシラ（カサゴ）のような魚やイカを釣ったり、潜って突いたりする漁師が多かった。イカは日本で言う「アオリイカ」で、日本と同じくエギ（イカ釣り用ルアー）を使っていた。

彼らの道具を見ると、粗末なまでに簡素なのだが、機能的に考えられていて、しかも消耗品ではなく長年大切に使い込まれている。ぼくはそのハンドメイド性に惹かれた。ウェテ沖に伸びる小島周辺の砂州で休憩していると、小さな刳《く》り木カヌーに乗ったオヤジが立ち漕ぎでやって来た。とは言っても「スタンドアップ・パドル（ＳＵＰ）」のようなスポーティなものではなく、その風貌はあたかも賢者が海の上を歩いてやって来たように映った。不思議に思えたが、彼の方こそぼくを不思議な奴だと思ったようだった。ぼくのフォールディングカヤックを興味津々で眺め、ひととおり撫で回したあと、去っていった。

同じように何人もの漁師がぼくのところにやって来る。お互いの持っている物に対する、リスペクトを交わし合うひととき。彼らは道具にこだわりを持っているのだ。ぼくは彼らの手作り品の使い込まれた美に感動した。地味なものほど心を奪われた。

ザンジバル滞在中ぼくはどこに行っても、高価な土産物でも雑貨でもなく、ティンガ・ティンガの絵でもなく、ざっくり感あるハンドメイド品に反応した。マーケットのピカピカ工芸品より、超高級リゾートのサファリ風こだわり調度品より、そこらのおばちゃんが普通に持っている手編みのカゴの方が遥かに素晴らしく思えた。

中でも漁師が持っている道具は別格だった。同じ海人として分かるのだ。彼らの生活の、慎ましやかな中に受け継がれてきた手仕事の「創意工夫」。その歴史的な深みが感じられた。深みと言っても重くのしかかってくる類いではなく、風のようにさりげなく、水のように何げなく、呼吸のようにありきたりのものだ。いいジャズはミストーンすら一つの効果的アクセントとなるように、道具に残る傷一つがどんなデザインよりもセンスよい装飾に感じられた。けっしてシンメトリックにならないところ、ロープの結び目一つその処理のニクイまでの無造作感覚、すべての無意識的な細部に感動した。漁具は機能的に上手くできているけれど、必要以上に漁ることはなく、最低限の食い扶持を確保できればいいとする謙虚な思想が感じられた。一見みすぼらしいけれど、長年大切に、親から子へ、子から孫へと受け継がれてきた手触りが感じられた。海とともに暮らす積年の知恵が刻み込まれていた。

その歴史は一体いつから始まったのだろうと考えたとき、改めてザンジバル島の位置関係を思い起こすのだった。彼らの先祖はどこから来たのだろうか？　確かにインド洋側を見ると惑星的スケールの外洋が広がるが、逆に背後を振り返ると、アフリカ大陸からたった五〇キロしか離れていない。一日あればシーカヤックでも渡れる。ぼくは太平洋〜インド洋ラインばかりを考えていたが、この距離なら太平洋カヌー大航海時代以前からやって来たアフリカ人がいたに違いない。ここの彼らはその精神を受け継いでいるのではないか？

いや、それどころではないのかも知れない。

地理的に、もっと古い時代から渡って来た者もいた可能性が高い。

現人類が出アフリカの旅路に出る以前から。

いや、それどころではなく……。

人類が最初に渡海した島

一番近い本土からすぐ内陸に入ると「オルドバイ渓谷」がある。ホモ・サピエンスはおろか二〇〇万年前に旧人類が誕生したとされる場所だ。そこから一番近い「島」がザンジバル島なのだ。とすると、人類が最初にカヌーで渡海した島はここだったのではないだろうか？　さすがに最初期のホモ・ハビリスあたりには厳しいだろうが、ホモ・エレクトスあたりなら可能性が高い。なぜなら彼らは約五〇万年前にアフリカを出て、海岸線伝いで中東や東南アジア、中国あたりまで進出しているからだ。最初期の連中の最初の渡海。内陸のタンガニーカ湖やビクトリア湖で漁をしながらカヌー操船技術を高め、そして次に海に繰り出すというシナリオを描くとするならば、ザンジバル島への渡海が最も自然な筋だ。ならば必然的に、人類初の「島の漁師」が誕生したのはこの広大なラグーンとなるだろう。

その正誤など未来永劫分からない。カヌーがいつからあったのか、丸木舟だったのか、筏《いかだ》だったのか、果たして旧人類がカヌーに乗っていたのか、旧人類が別の場所に移動したあとホモ・サピエンスに進化し、全く別の場所で渡海が始まったのではないのか、などなど突っ込みどころはいくらでもある。そもそも寒冷期と温暖期を繰り返し、ラグーンがあったか否かも分からない。だが正誤など全くどうでもよかった。ただ想像するだけで感動して涙が出てくる。風にマングローブがざわめいた音を立て、小魚がもじりを繰り返すこの現場において、古い道具への敬意を抱きながらそんな発想が飛び出してくる時点で、胸に響くものがあった。青天の霹靂、寝耳に水のように不意打ちで襲ってきた直観が嬉しかった。

ワカ文化の最果てを求めてワカ山から来たぼくは、ついに最古層に辿りついたのかも知れない。直観を必然性で繋ぐ冒険には学問以上に厳然とした正解と不正解があるのだが、ぼくの冒険の文脈としては、大正解だった。少なくとも自分自身の感性が、新たにアフリカと繋がった瞬間だった。

ぼくは粗末な刳り木カヌーに乗った一人のオヤジを掴まえ、頼んで漕がせてもらった。オルドバイ渓谷から出て最初にここに渡ってきた太古の誰かになった気分で、その誰かと対話するつもりで空を眺め、潮の香を嗅ぎ、海水を舐め、潮風に包まれた。歴史が深く刻まれたカヌーの表面をたっぷり撫でさせてもらった。それは「ワカ」文化継承者としての、ぼくなりの出航儀式、進水式だった。

もうとっくに出航したカヌーの、進水式を再現したのだった。

このときの喜びは一生忘れることはないだろう。来てよかったと心から思った。

ペンバ島で泊まった安宿ではたくさんの変わった連中に出会った。観光客は少なく、外国人が集まる宿やレストランは決まっているので、すぐに知り合いになる。ザンジバル両島を一周中のイタリア人サイクリスト、格闘家のヒョードルにそっくりなロシア人コメディアン、アフリカを何十年も旅しているけれどなぜか奈良の新大宮で英語教師として一年間住んだこともあるというオーストラリア人女性、ペンバ島ローカルのクローブ農家と契約しようと交渉中のデンマーク人オーガニックファームのご一行、水道建設に来ているというイラン人夫妻、何をやっているのか分からない人だが暑い中ロングブーツを履いている超真面目くさったベルギー人……。

「あんた、今日も来たのか？　今日は何してたんだい？」

それがレストランでの、お互いの合い言葉となった。

北部ウェテの宿にはフランス人のカップルが二組いた。ジブチに配属中の空軍兵士の夫婦同士で、休暇で来たと言う。彼らがダウ船を借りきって沖の美しい無人島「ミザリ島」に行くと言うので、ぼくもカヤックごと便乗させてもらった。

ダウ船の風をはらんで帆が張るときの「バッ」という音が、モンスーン風の象徴のようで、旅情をかき立てられた。「バッ」というその音だけで、さまざまな人たちが行き交い、悲喜こもごも繰り返されてきた歴史の手触りのようなものが、胸に去来する。そして、どこまでも、世界の果てまでも、旅したくなってしまう。

「バッ」という、帆が風を孕む、その音だけで。

モンスーン風が吹き抜けてゆく未来

「Sauti Za Busara」、音の叡智を意味する、アフリカ音楽フェスの三日間が始まった。

間近で見るアフリカ人ダンサーや音楽家はやはり、リズム感が尋常ではなかった。彼らは音楽があってもなくても、体幹でビートを刻むことができるようだ。一見手足を巧みに動かしているように見えるがそうではなく、身体の軸で波うねりのような音楽グルーヴを捉え、あるいは無からリズムを作り出し、手足という末端部分にその波を伝える。

彼らにとって音楽とは、生命の脈動のことだった。

体幹から放射されるエネルギー、そいつが波うねりとなって身体の末端まで行き渡る。

そして身体の外側に向かって色鮮やかに飛び散る。

瞬間、森羅万象が生き生きと躍動し始める。

海の波うねりを語源とした「グルーヴ」、それを体幹で刻む彼ら特有のリズム感とは、突き詰めてゆくとアフリカのコスモロジー（宇宙観）に行き着く。美しき森羅万象、愛するアフリカの大地と一体化したいという強い願望から生み出されたものだった。自然の脈動と自分自身のパルスとを重ね合わせたいという想いから、誕生したのだった。

つまり最古層の「自然との共生志向」であり、野生の叡智なのだった。

シーカヤッカーであるぼくには、それがとてもよく分かる。


だが、重く暗く複雑な歴史、愛する大地から引き離され、見知らぬ土地へと連れ去られていった人々、今も残る圧倒的な貧富の差と人種差別。そのことを考えると、やるせなくなると同時に、しゃらくせえという気分にもなる。だが「しゃらくせえ」という気分を蹴散らす源泉としても、グルーヴは生き永らえてきた。どこに連れて行かれても歌と踊りでその源泉を発動させ、生命力を鼓舞し、地獄を生き延びてきた。世界中に広まったアフリカ系音楽は、ジャズ、ヒップホップ、レゲエ、サルサ、サンバと多様に形を変えつつ今も生き、それぞれの中で最古層が脈打つのだった。異文化に触れても消えてはなくならず、むしろ異文化と適合するからこそ生き永らえてきたのだった。グリッサンが言ったように、確かにアイデンティティは「関係性」にあるからだった。

奈良の神社仏閣を巡るうちに自然の中の野生性こそ神性であり仏性であると思い至って、野生の呼び声に誘われ海に行き着いた果てになぜか今ここにいるぼくの感覚とも、もちろん響き合うのだった。グルーヴとは、海と一体化するカヌーなのかも知れない。未来に向かって進みゆくカヌーなのかも知れない。そのカヌーとは、ぼくが思うように楽器なのかも知れない。その楽器はギターなのかも知れないし、ドラムなのかも知れない。アメリカ黒人詩人ラングストン・ヒューズが歌ったように、永遠に脈打つ太鼓なのかも知れない。永遠に鼓動するビート、永遠にうねるグルーヴ。ヒューズは歌う。「永遠に打つ太鼓。最後の蛆《うじ》がその呼び掛けに応えるまで。最後の星が消えるまで。最後の原子がもう原子でも何でもなくなるまで。時間が消え去り、空気が消え去り、宇宙じしん、どこの何ものでも、なくなるまで」

振り返ると会場には、ノッポの画家君も売春婦のおねえさんもポン引きのジキジキ君もよく食べに通ったエチオピア料理屋のウェイター君もいた。全く見ず知らずの男女も大勢いるが、見たことのある奴も、一言二言挨拶だけ交わしたことのある奴も結構いる。男女比は半々くらいか。知った顔だけでもスウェーデン人、イギリス人、中国人、ベルギー人、イタリア人、ロシア人、フランス人、ドイツ人、アルゼンチン人、日本人、ケニア人、タンザニア人、韓国人、インド人、オマーン人、オーストラリア人、カザフスタン人、イラン人、フィリピン人、アメリカ人らが確認できた。ほか知らない連中も、黒人系、白人系、ラテン系、アジア系、アラブ系などさまざまなタイプが混在していた。逆にここにいないのはポリネシア、メラネシア、ミクロネシアなど太平洋島嶼民と南北両アメリカ大陸の先住民、そしてアボリジナルくらいかと思われた。

みんなが踊り、ドクドク脈打つような熱気が渦を巻いている。

一方出演者側は、セネガル、マリ、ケニア、コンゴ、タンザニア、南アフリカ、アルジェリア、モロッコ、カメルーン、ナイジェリア、ブルキナ・ファソ、コート・ジボワール、ブルンジ、マダガスカル、ジンバブエ、レユニオンなどアフリカ各国からの音楽家とダンサーだった。そこに若干のドイツ人、スウェーデン人、アメリカ人など白人演奏家が混じっている。それぞれのグループが順繰りに登場して、ほとばしるような演奏を繰り広げる。

タンザニア・ザンジバル南島ストーンタウン。

四方を砦に囲まれた野外ステージ。崩れた壁の穴からも人々が踊りながら出入りしていた。短いペンペン草の生えた大地も、まるでグルーヴに合わせて揺れているかのようだった。そして、そんなすべてを見守るように、ライトアップされた砦の突端部分が、闇の中から浮かび上がる。

ちょうど三日間の中でも最高潮の盛り上がりを迎えていた。モクーンバ mokoomba というジンバブエ出身の若手バンドのパフォーマンス中だった。彼らはきっとライヴでのみ、その真価を発揮しうるグループだろう。その迫力、生々しさ、臨場感はけっして録音機器では残せない。生演奏の現場でのみ生み出される絶妙の空気の揺れ、波、うねり、流れが巻き起こっていた。まるで躍動する生き物の血潮のような音の脈動だ。演奏の中心軸から音の粒となった色彩がうねりながら飛び散り、それがより生き生きした生き物となってトビウオや、イルカや、マグロのジャンプや、波そのものに化身するようなヴィジョンが心のどこかで湧き起こる。

感動して踊っていると、左斜め前のアフリカ人の女が突然興奮し、周囲にぶつかるような大きな動きで踊り始めた。まるで二つのバスケットボールにホットパンツを被せたようなはち切れん

日中、演奏が始まる前のゆるいひととき

女性ダンサーのパフォーマンス

ばかりの豊満な尻が、痙攣したように細かくシンコペイトしながら大きくうねり始める。周囲の男女は一歩引き「すげえ」という顔をして彼女のフリーダンスを見守る。その圧倒的な迫力に「参った」と思った。内側から放射され飛び散るようなエネルギー、月並みな言い方をすると「圧倒的な生命感」というやつだ。きっと女性、しかもアフリカ女性にしか出せないだろうその生命感溢れる尻の律動に、こっちがパワー負けしそうな気がした。しばらくしてそこに一人のひょろ長い黒人男が踊りながら近づく。なんと、初日に出会ったノッポの画家君だった。腰をうねらせながら自分の股間を彼女のむっちりと弾ける二つのバスケットボールの間にあてがう。それに触発された彼女はさらに尻を細かく蠕動させ、かつ大きく海のようにうねらせる。

セックスそのものの動きを模倣したアフリカン・ダンスだった。エロいが、隠微さが全くなく、ゆえに助平さはない。誰かが興奮して「ヒョウー」と大声で奇声を上げたとき、それはますます演奏が盛り上がった瞬間だった。二人は転調に合わせて絶妙に腰と尻のリズムを変える。それがかっこよく決まっていた。連動する二人の動きを見ていて、初日に画家君と話した内容を思い起こした。悪魔がどうした、精子と卵子が結合する可能性の不思議がこうしたという、変な話を。そして、ここにいる男女がみな愛し合い、ジキジキして混血したら一体どんな子供たちが生まれてくるだろうかと想像した。

そうなると、もう、人種や民族の壁など関係なくなるだろう。

アジア・モンスーンが吹き抜けてゆく未来。

百年、三百年、五百年、五千年、一万年、一〇万年後、
今ここにいる人間は一人残らず跡形もなく消え去っている。
だけどこの風は吹き続ける。
数百年、数千年、数万年後、それは、テクノロジーが進化し、国境のなくなる時代だ。
好むと好まざるとに関わらず、必ずそうなる。
モンスーンは吹き続ける。

混血に混血を重ねる人々。今ここにいる人種の差も、限りなく消え失せる。
だがアイデンティティが消えてしまうことはない。
それは「根」にあるのではなく、「関係性」にあるのだから。
本当の根を探っていくと、全員が一〇万年以上前のアフリカに行き着く。
オルドバイ渓谷のミトコンドリア・イヴに行き着く。
三六億年前の原初の海の原初のプランクトンに行き着くのだから。

侵略や抑圧ではなく、支配や搾取ではなく、奴隷化や家畜化ではなく、
交流によって、混交によって、小さな響き合いによって、愛によって、
もっとたくさんの色彩が生まれる。多島海が生み出される。
モンスーンは吹き続ける。

この島はカヌーであり、また、世界中どの島もカヌーである。
一人一人がカヌーなのだ。
それはもうとっくの昔に出航していて、
全ての人に、全ての関係性に開かれたカヌーだ。
最新のテクノロジーと、最古層の文化要素を同時に携え、
未来に向かって進んでゆくカヌーだ。

モンスーンは吹き続ける。貿易風も吹き続ける。
チヌークも吹き続ける。ハルマッタンも吹き続ける。
ミストラルも吹き続ける。ヤマセも吹き続ける。シカタも吹き続ける。
混血に混血を重ねる人々。今ここにいる人種の差も、限りなく消え失せる。
だがアイデンティティが消えてしまうことはない。
すべての歴史は、関係性によって築かれるのだから。

数百年以上の単位で見ると、人類史の大きな流れは、そっちの方向に向かっている。
黒潮本流のような大海流。
今はメインストリームに対する、カウンターカレント、エディ（反流）の強い時代だ。

今のところ本流は伏流水のような流れだけれど、いつか表に出てくる時が来るだろう。
その時も、今と全く同じ、風が吹いている。

第四話

アンダマン・ニコバル諸島

賢者イーグルと、ワニと、イセエビの小さな神話

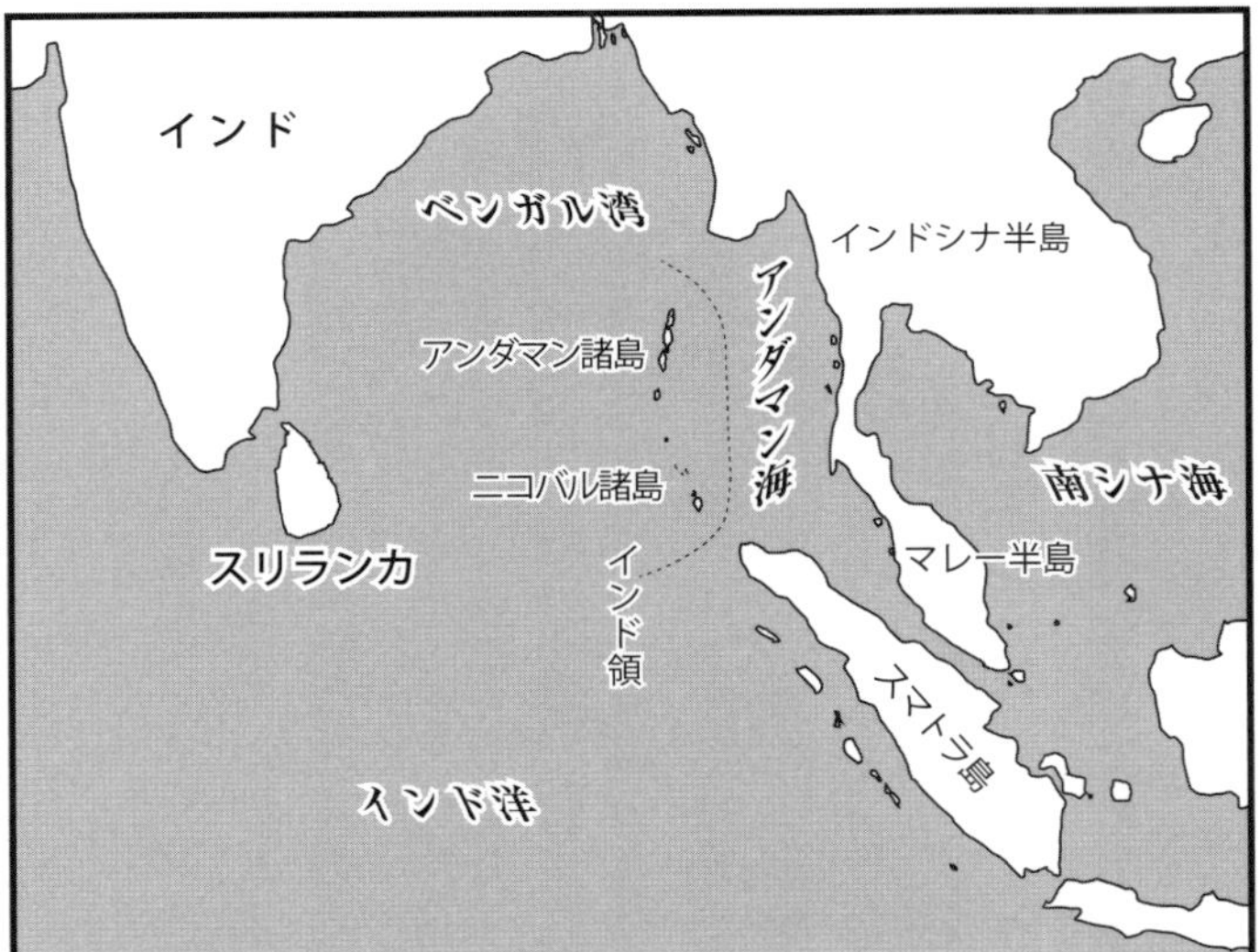

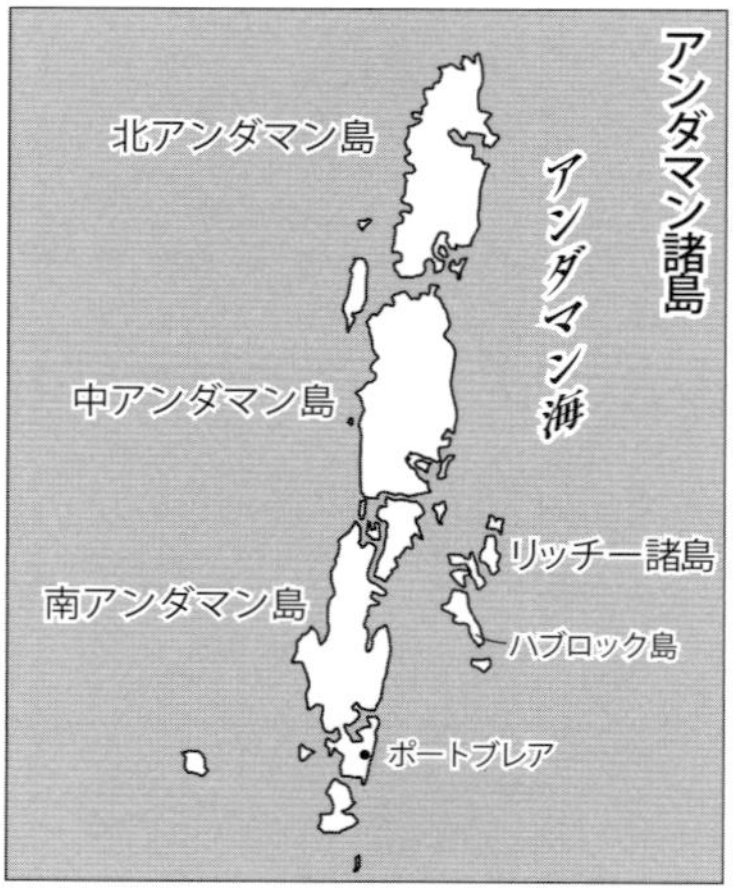
アンダマン諸島
北アンダマン島
アンダマン海
中アンダマン島
リッチー諸島
南アンダマン島
ハブロック島
ポートブレア

ニコバル諸島
チャモータ島
ナンコウリー島
カッチャル島
アンダマン海
小ニコバル島
大ニコバル島

マングローブの水路にて

日の出のとき、水平線が緩やかにカーヴを描く海の上に浮かぶと、いつも実感する。地球は自転する水の惑星だと。

太陽が昇るのではなく、回転する地球が海を通して、太陽を招き入れるのだ。あるいは母なる海からの太陽の出産。頭がちょこんとのぞいたかと思うと、次にまん丸な身体全体が現れる。そして母の胎内から完全に抜け出ようとするとき、地球が奏でる音楽的な荘厳に包まれながら、太陽と海とは繋がったダルマ型になる。そして最後、へその緒をはさみでちょん切られるようにして二つに分かれ、海から自立した一個の太陽が誕生する。

ぼくは吸い込んで止めていた息を、フーッと吐く。

やがて天空に向かうにつれギラギラした輝度を増し、肉眼では正視できないあのパワフルな太陽となる。だが生まれたての太陽は今、つや消しされたようにつるんとして、むきたての卵や羽化したばかりのセミやカブトムシのような、無防備な柔らかさをもっていた。この状態が続くしばらくは、海景全体が、幻想的なヴェールをまとう。

ここの先住民たちは七万年間、毎朝、この太陽を見て、いったい何を思ってきたのだろう？おそらくすべての瞬間々々を凝縮したメディア、すなわち物語があったに違いない。

そのことを思うとぼくは、居ずまいを正し、そして身震いする。

日の出前、ハブロックNo.5ビーチからカヤックを履いて、出艇した。

カヤックは乗る物ではなく履く物であることを、いつも以上に意識する。砂浜から押し出してコクピットに潜り込んだ瞬間、靴やパンツを履くように、カヤックを身体にフィットさせるのだった。目を瞑り深呼吸し、船首から船尾まで神経と血液を通わせる。新種のカヤック型生物になりつつある気分が高まってきたら、今度は、海の動きやその変化を一つ残らず見逃さないように、リラックスしつつピーンと意識を張る。

まるで楽器を調弦するように。

微細にはじけ共鳴する倍音をも聴きもらさぬように。

そうしてぼくは水面を切って海と陸の織りなす自然の中に溶け込む、一個の海洋生物となるのだった。


標高三〇～五〇メートルくらいの背の低い島々が、幾重にも連なって見える。水際にはヤシの木とマングローブが混在している。その奥にはアダンの木が点在し、さらに後背部には乾いた点描的な葉を散りばめる灌木が立ち並び、島の上部まで覆っている。沿岸の水面には薄い霧が立ち込めていた。摂氏十八度くらいか、明け方の時間帯は意外と気温が低く、ひんやりしている。三〇度近くある水温との差で生じた、霧だ。

陽光が霧の中で乱反射し、多面体となって虹色に色彩を放っていた。

二キロほど北にある対岸のジョン・ローレンス島を目指す。こちらとあちらの島の間の海域は、急に深くなったかと思うとまた、膝くらいの浅瀬になる。その繰り返しに規則性はない。深場は水路の役割を果たし、ごく緩やかな潮を通している。浅瀬ではサンゴ礁と砂地とが交互に現れた。海水は全体的にトロンとした淡いグリーン、俗に言う「アンダマン・グリーン」だ。ほんのり上気したような、気品の香り立つようなその色合いは、遙か対岸タイ南部の離島の海と共通するものだ。やはり、ここアンダマン・ニコバル諸島の国籍はインドだけれど、自然区分とすれば完全にマレー半島側と姉妹のような対をなしていることが、海に出るとはっきり分かる。もっとも、あちらは広範囲でリゾートの雰囲気を放っているが、こちらは原初的な野生味が色濃く香る。

世界の海の質感にはそれぞれ微細な差異と共通項がある。少々の波や潮を突っ切って進んでゆける動力船では見落としてしまう、場所固有のヴォイスを身体の芯から感じ取ることこそ、カヤックならではの特権だ。時に、その土地に住む人たちですら知らないような秘密のささやきを聞くこともある。

ジョン・ローレンス島にはすぐに到着した。風はほとんどなかった。緩やかな潮が海面に描く筋とさざ波以外は、全く静水だった。ところどころでボラの稚魚と思しき小魚の大群が跳ね回って、水面にアーチと波紋を描く。波打ち際近くに寄ると無数のマングローブの細い足が砂に突き刺さり、その周辺に小さい穴がたくさん穿たれている。近づくと小さいカニたちが穴の中にいっせいに逃げ込んだ。

ブルーの羽に赤いくちばしを持つカワセミも頻繁に現れた。深みのある輝きをもった羽が素早く横切ってゆくとき、瞬間的に風景の質感が変わるように思えた。

鏡そのものとなった静かなマングローブの水面

上陸して少しだけ休憩した。さらに一キロほど西にある別の島を目指す。遠目では島の中央部分に何本ものヒダのような筋が見えていたが、近づいてみると、やはりそれは島と島を分け隔てる水路の凹みだった。一つの島に見えてその実、幾つかの島が重なっているのだった。ぼくはヒダとヒダをかき分けるように、群島の合間を進んだ。水路の入り口には海面から干し出したマングローブの砂洲があった。そこを越えると汽水域だ。幅二〇〇メートルくらいのそれは、先々何キロあるのか分からないくらい、長い。その向こうには先住民たちの神話の中で神プルガが住むとされたヘンリー・ローレンス島がある。

水路に突入するやいなや空気感が変わった。風も波も遮断され、隠れ家に招き入れられたような静けさに包まれる。これまでもずっと静寂だったが、その度合いが一段と深まったのだ。水面は文字どおり全くの鏡そのもので、空の雲やマングローブ樹林の全体像を映し出している。水を掻く柔らかなパドル音と、パドルからぽたぽたと海面にこぼれ落ちる水滴以外、動的なものは何もない。

ぼくは身体に貫かれた一本の軸を意識して、軸回転でリズムよく漕ぎ進む。水面の抵抗のなさが心地よかった。どんどん奥地へと進んでゆくにつれて、ますますカヤックとの一体感が深まった。それは同時に海景全体とも一体化することを意味していた。腰を中心として、船首から船尾まで神経が通っている感覚だが、あまりにも滑らかに進むのでやがて船体と水との境界線があいまいになり、その先の水やマングローブまでもが自分自身の一部と化したような、不可思議な境地に入るのだった。

リズミカルなパドリングは、へその下あたりにある身体の中心点からうねるようなビートを生み出す。それは肩や腰を通って手や足の末端に届き、身体の隅々にまで行きわたる。そして、そのうねりは、まるで肉体の外側へと抜け出てさらに先へ先へと伸びてゆくかのように、舳先が水を切って左右にかき分ける波と、同化する。波は横に広がり、マングローブの気根の間を通って泥地でチャポッと音を立てた。すかさずカニが逃げる。

その一連のうねるようなパドリングの中に、やはり、色彩が脈打っているような実感があった。まるで身体の内部から放射され、森羅万象へと虹色の波紋を広げる、ぼくの生命の脈動。

別に稀なことではない。音楽的で絵画的な、いつもの感覚だ。命を裸の状態にさらすことによって、ふだん覆いを被せて見えない自分の生命力が露わになるということ。

やや喉が乾いたので、手を止め、休憩する。瞬間、無音の世界に切り替わる。風の音も、鳥の声も、何もない。水上で完全なる静寂に包まれるとき、胸の鼓動や、頭の中の音までもが聞こえる。ここでは、ぼくのハートビートと脳の周波数だけが、動的存在だった。あまりの静けさに、ちょっと異様な気配がする。

そして、こう呟く。

「ああ、これはやばいな」と。

巨大ワニの気配がするのだった。

入電のない世界

南アジアを象徴する、インド亜大陸とマレー半島。

世界地図上ではその間に大海の広がる様が一目瞭然だが、さらに目を凝らすと、真ん中より右寄りに、タテ列で豆粒のような島々が並んでいるのが分かる。

それがアンダマン・ニコバル諸島だ。

国境区分ではインドになるが、海域区分ではマレー半島寄りの、東南アジアに属する。北端はミャンマー、南端はインドネシア・スマトラ島と、それぞれ目と鼻の先だ。

モンスーン風の中の島々として以前より名前だけは知っていたが、実際に意識するようになったのは、二〇〇四年十二月二十六日に発生したインドネシア・スマトラ島沖地震の直後だった。

タイやスリランカなど周辺沿岸での甚大な津波被害が伝えられる中、「アンダマン・ニコバル諸島、およびミャンマー・メルギー諸島からは入電がなく、被害状況も全く分かりません」と、そうメディアは繰り返していた。その言葉によって、強く記憶に残った。

「入電なし」

そこにはさまざまなニュアンスが含まれているように思えた。現地住人たちは大丈夫だろうかと、縁もゆかりもないながら深まる心配（カヤック旅をする者にとって他人は明日友達になるかも知れない可能性を有した存在）、天変地異の、底知れぬおそろしさ。それとともに、あの感覚も交錯するのだった。天気図を描くときに覚えるあの不思議な旅情が。

ネットやアプリなど気象予報メディアが発達した今、アウトドアマンの間でも、もはや自分で天気図を描くという人は稀だ。だが一昔前の登山家やヨット乗りなどは皆、手書きで自作していた。それを基にして予測を立てるとともに、気象に関する洞察力やセンスも磨いたのだった。

ＮＨＫの「ラジオ気象通報」という番組の情報を基に、作成する。

アナウンサーが「南大東島、風力三、晴れ、一〇一六ヘクトパスカル」といった具合に、各観測所の数値を淡々と読み上げてゆく。それをそのまま専用の用紙に落とし込み、のちほど等圧線を結び、低気圧と高気圧の位置を描くのだ。

ぼくも今やすっかりその情報から天気図を起こす習慣は減ったが（現場に吹く風から脳裏に天気図は常に起こす）、ただその番組を聞くことは、好きでよくやる。現場に身を置いている意識で、風になったつもりで、各地を旅するのだ。そこではどんな風が吹き、どんな波が立っているのか、具体的に連想する。それは旅情を掻き立てられる安上がりの楽しみであると同時に、イメージ力の向上にも繋がる。フィリピンなど南方から、日本列島を通って、千島列島やロシア沿海州へと、順を追って進むアナウンス。

浦河、根室と続いたあと、いよいよいつも繰り返される定番のパターンが登場する。

「ウルップ島、シムシル島、パラムシル島、マツワ島からは、入電がありません」

そしてまたセベロクリリスク、ハバロフスク、ルドナヤプリスタニと、通常の入電に戻る。ぼくはこのとき、ふっと、風と共に遠い未知の世界へと旅立つような、不思議な感覚に捕われるのだった。そしてその都度、脳の奥がツーンと来る旅情に襲われる。

―― 入電のない世界 ――

マグニチュード九・〇という巨大海底地震の震源はインドネシア・スマトラ島の北西部沖だったが、その真北にたくさん並ぶ、アンダマンとニコバルの島々。震源に直近の、最も大きな津波が押し寄せた肝心のこの諸島の入電もまた、ないのだった。

胸に来る心配と同情、背筋に来る畏怖感、そして脳に来る旅情とが、交差する。

結果として両諸島では、人口三十六万人のうち、約二万人の死者・行方不明者が出た。また何千軒もの家が流され、甚大な被害が発生したようだった。

そして、この島々にはインド系住民だけではなく、旧石器時代さながらの生活を送る先住民も住んでいることを知った。のちに明らかになったことだが、不思議なことに、彼ら先住民にはほとんど人的被害はなかったようだ。いち早く自然界の異変の兆候を読み取り、さっさと高台に避難したため、ほぼ死者は出ていないと聞く。そのとき、ぼくは反射的に彼らに興味を持った。一体どんな兆候を察知したと言うのか、そもそもどんな人たちなのだろう、と。

しかし、彼らについての情報は、ほとんど皆無だった。

彼らこそ、ほんとうに入電のない世界に住む人々だった。

さっそく少ない情報を調べてみた。

インドからの入植者三十五万人のほか、少数ながら存在する、七万年も前から代々住み続ける先住民。それが彼らなのだった。

オンゲ族
ジャラワ族
アンダマン族
センティネル族
ションペン族
ニコバル族

大きく分けてこの六つの諸部族が存在する。

この中でニコバル族だけがキリスト教に改宗し、現代インド文化にかなり同化した生活を送っているが、それ以外はいまだに狩猟採集生活を続けているようだった。前の四つの部族は「ネグリト」と呼ばれ、黒人のような漆黒の肌を持つ人たちだ。後の二部族は、現在の東南アジアの人々とほぼ同じ顔つきをしている。前者の四部族はDNAとしてはモンゴロイドに属するが、十万年前に現人類のホモ・サピエンスが出アフリカの旅を始めた直後の、最初期のモンゴロイドだと言われる。当初は東南アジア一帯に住んでいたが、やがて新参のマレー系民族に追われて辺境に逃れ、今ではフィリピンおよびニューギニアの一部の高地、そしてここアンダマン・ニコバル諸島にしか残っていないようだ。七万年ほど前から、この島々に住み始めた彼らネグリトたちは、中央アフリカのピグミーと同様、非常に背の低いことでも知られる人々だ。

七万年と聞いて、ぼくは強く反応した。

その頃、まだ日本列島に人はおらず、アボリジナルたちもオーストラリアに達せず、そしてネアンデルタール人たちがまだ生存し、闊歩していた時代だ。その頃から現在まで、ネグリトたちは全く同じ生活を続けているのだ。

インドプレートがユーラシアプレートの下へ潜ろうとする際に削り出された堆積物が、積もりに積もって海底山脈になり、海面に顔を出した部分。それが同諸島だ。つまり彼らは世界屈指の、地震と津波の巣のような場所に住み続けてきた人々なのだ。その間、いったい何度、大地震と津波が襲ったことだろう。スマトラ島沖大地震や東日本大地震クラス、マグニチュード八・五以上の地震が襲うのは少なく見積もって五〇〇年に一回だとしても、過去一〇〇回以上は大災害に見舞われている計算になる。

その中での、七万年。

「持続可能」「サステイナブル」という標語が空々しくなるくらい驚異的な、世界一のサステイナブル民族だと言えるのではないか？　そこに興味とともに深い畏敬の念を覚えたのだった。


テレビもラジオも新聞もネットもない中で、自然そのものをメディアとして生きた民。木々の生長や風のリズムと共に呼吸し、泣き、笑い、怒り、悲しみ、日々を暮らしてきた人々だ。ぼくらが仕事や娯楽や社会生活に費やすすべての時間を、彼らはじっくり波や星や潮や動植物を洞察することに捧げた。プロスポーツ選手やピアニストやダンサーや画家が技能を高めてゆくように、一生かけて自然観を磨き上げるのだった。

それは、どれだけ鋭いものだろうか？

自然にまつわる彼らの口頭伝承。想像すらできないが、驚異的に奥深いものなのだろう。地震発生時の言葉を失う生々しい映像を見るにつれ、彼らの洞察力に興味を抱くようになった。おそらく自然と人間との関わり合いにおいて、もっとも重要な「智慧」を継承している人々ではなかろうか？　また同じく世界でも有数の地震国であり、津波国であるぼくら日本人にとって、何か学ぶべき大切なことがあるのではないか？

そんなことを考えるようになった。

だが現在、彼らと一切接触することはできない。

地震や津波、氷河期と温暖期、山火事や異常気象その他、いかなる大自然の脅威や天変地異をもってしても、彼らを滅亡へと至らしめることはなかった。しかし今、外部の人間からの脅威によって、滅亡の危機にさらされている。

結局いつの世にも、地球上で最も危険な動物とは、人間なのだった。

近代に入り、災難は始まった。彼らの多くは騙されて土地を奪われ、狩猟の場である熱帯雨林を伐採されたり、海では密漁者によって漁場を根こそぎに荒らされたりと、散々な目に遭った。おまけに免疫のないインフルエンザ、梅毒、はしかなどをうつされ人口が減少し、一気に衰亡へと向かっている。

一九〇一年に六七二人いたオンゲ族は一九九一年調べで一〇一人に減った。現在はさらに減っているだろう。アンダマン族に至っては十九世紀中葉の七〇〇〇人から、現在たったの四十一人にまで減っている。ジャラワ族もまた人口激減する中、インドの旅行会社が催行する「ヒューマン・サファリツアー」の見世物にまで貶められている。

そんな状況下、唯一センティネル族だけは一貫して外界との接触を拒み続けているようだ。その結果、彼らの言葉を理解できる外部者は存在せず、また彼らの誰も外部の言葉を話せないという。それは、他の諸部族の悲劇を目のあたりにしたところからの、生き延びていくための選択なのだった。

最も危険な動物「人間」を避けることによって、世界で最も孤立した人々。インド政府は現在、先住民たちの保護区を設け、法律によって立ち入りを厳重に禁じている。もちろんそんな所に入っていくのは冒険ではなく、冒瀆以外の何ものでもない。

だが、ぼくはどうしても彼らの自然観を知ってみたくなった。

地震の巣窟のような島々で、七万年間受け継がれてきたであろう口承神話。アボリジナルの伝承よりもさらに古いそれは一体どんな内容なのだろうか？　焚火を囲んだ長老は、どんな節回しで物語を伝え、若者たちはどんな顔をして耳を傾けたのだろうか？　津波を事前に察知する決め手になった自然現象とは何だったのだろう？　潮流の異常だろうか？　どんな叫び声を上げて逃げたのだろうか？　そこのところが全く分からない。

彼らはふだんからどういうセンスで、風を感じ、波や潮やカニや地震と接してきたのか。それは極めて奥深いものであろう。だが地球上から彼らが消えるのは、時間の問題だとも言われる。そうすると彼らの自然観は永久に入電なしのまま消滅してしまうことになる。

彼らとの接触なしで、ぼくにできること。いろいろと考えた末、自分の存在をかけて瞬間を切り取ることだという結論に至った。

まず十九世紀から二十世紀初頭に当地をフィールドワークしたという人類学者の本を読むこと。そして、ぼくのカヤッカーとしての持てる力を最大限発揮して、想像力をフル稼働させること。つまりはシンプルに、現地でカヤックを漕ぐということだった。

もちろん彼らの保護区ではなく、外国人でも入域可能なエリアでの試み。

もともと彼らは七万年の中で、諸島全域の地理を網羅し、完全に生態系を掌握していた。どこにどんな岩があるのか、どの時期にどんな風が吹き、どんな潮が走り、どんな波のシワが生まれ、どんな生き物たちが躍動するのか、熟知していたはずだ。だから現在は保護区だろうと観光地だろうと分け隔てなく、どこを切り取っても彼らのエッセンスが滲み出てくるはずだ。もちろんすべてを知ることなど不可能だし、その必要もない。実体験を通して、ほんの少しでも垣間見るだけだ。カヤック旅の真骨頂、瞬間的に本質を射貫くこと。より深く感じ、そこから洞察すること。彼らへの敬意を忘れずに。


体験を通した、言葉を越えた対話。それはこれまでぼくがやってきた旅のスタイルだ。

結局それしかない。カヤックによってのみなし得る、一番有効な方法。


どこで漕げるかは、現地に行ってみないと分からなかった。

二月初旬、南インド・チェンナイから州都ポートブレアに飛び、入域許可書を取得した。それにより三〇日の滞在が可能となったが、ぼくら外国人の行ける場所は徹底的に制限されていた。

ニコバル諸島は完全渡航不可、アンダマン諸島も自然保護区や先住民居住区への立ち入りは厳禁だ。その他、日帰りならばOKの島、一泊までならばOKの島など、こと細かく分かれているようで、詳しくは役所で聞けと言う。

だが、泣く子も黙るインドのお役所。

「午前中は会議だから午後来い」

「担当者が出掛けたから明日来い」

「調べておくから来週来い」

付き合っていられないのは分かり切っているので、ひとまずコアなバックパッカーの間でよく知られるハブロック島に渡ることにした。

そこには、沖合に無人島がたくさん並んでいることが、地図上で分かる。


翌日、五時間ほどフェリーに乗り、難なく到着した。

カモになるのは分かっていたが、岸壁でたむろする客引きに、無人島群に近い東海岸のビーチフロントに宿がないかと尋ねた。連れて行かれた海辺のコテージは、安いだけあって南京虫に悩まされたが、ロケーションは最高だった。

ヤシの木々が潮風にそよぐ美しい砂浜に立ち、海を眺める。二キロほどの海峡を隔てて小島があり、さらにその背後に別の島々の頭が見える。おびただしい島々が集合してできたアンダマン諸島だが、その細かい構成要素の一つ「リッチー諸島」である。

そこにはジョン・ローレンス島、ヘンリー・ローレンス島、アウトラム島、ピール島などの無人島が並ぶ。あまりにも植民地色丸出しの名前だが、仕方ない。

ほんの二キロほど漕ぎ出ると、あとは人工物が全くなく、濃密な野生感を放つ島々が続く。観光客が最も容易に訪れることのできるハブロック島沖にそのような諸島が並ぶとは、おあつらえ向きだった。ハブロック島は神話上では「イラップ」と呼ばれ、最初に人間が住んだ場所だとされている。またヘンリー・ローレンス島は元来、先住民たちの神「プルガ」の住む島だった。その海域を漕ぐことにした。

ここを訪れる前に、いろいろと予習をした。

計画を立てる中で、旅費や日程といった外的要因を整えること以前に、もっと中身を磨かないとだめだと気づかされたからだった。高いレベルでの内実が伴わないと、彼ら先住民と瞬間を共有することなど、できるわけがない。特に神話について、深く読み解いてその指し示す智慧まで見抜く力を養う必要性に、思い至った。

ぼくは学者ではなく、冒険者でありプロのアウトドアガイドだ。その道のエッジを歩く人間である。学問として神話を学びたいのではなく「自然、そして世界とのよりよい繋がり方」を見出し、面白い発想や豊かな日常性に繋げていくヒントとして、神話世界に興味があるのだ。だから何がしかの智慧に繋がっていかないと、出かけて行く意味がない。

分かりやすくするためやや大雑把な言い方をすると、自然神話とは、自然とじかに触れ合ったところからくる瞬間的な詩情を心に刻み込むことと、それを相対化し、生きる糧や教訓（時には権力装置）にまで高めるという、二つの力学が込められた物語だ。見方を変えると、時空を超えた「場所の本質が真空パック」されたメディアだと捉えることもできる。だからそいつを読み解くセンスを磨くことによって、初めて言葉を超えた対話が可能となる。瞬間的な詩情に触れるためには現場に身を置く必要があるし、そこに宿る、ぼくらの生き方とも互換性ある智慧を見抜くには、全体像まで見渡す賢者イーグルのような高い視座に立った洞察力を必要とする。だがそんなやり方など、誰も教えてはくれない。

そのように考えたぼくは、この旅の前に、和歌山から淡路島に渡り、鳴門海峡を通って徳島沿岸を南下し、さらに海峡を渡って再び和歌山に漕ぎ戻るという、紀伊水道一周海旅を行った。「青二才よ、ここに来る前にまずは、お前らの国で一番古いであろう神話的瞬間をしっかり感じ、その意味を考え抜いて来い、話はそれからじゃ」と、漫画に出てくる老賢者のような架空の誰かに言われているような気がしたからだった。それには、このコースでのシーカヤッキングこそが最適だと思ったのだ。

淡路島周辺海域とは鳴門海峡、紀淡海峡、明石海峡という日本屈指の激しい潮流が起こる場所であり、またそれにまつわる極めて古い神話が残っている。日本神話の冒頭部分にて、イザナギノミコトとイザナミノミコトが最初に降り立ち、日本列島のさまざまな島々を生み出していったその地が「オノゴロ島」と呼ばれる淡路島だった。

その、神話の発生起源的な潮流を体感し、本質を捉えてみる、そんなレッスン。

では日本神話の冒頭部分とはどんな物語か。それは一言で言うと「島」と「セックス」についての意味を、高次の視点から捉えないと、智慧のようなものなどとても導き出せそうにない内容の神話だった。

こんな物語だ。

まずはじめに世界は水しかなかった。そこに天から「アメノヌボコ」という棒が差し出され、水がかき混ぜられた。すると流れが生じた。そのあと棒をスッと抜くと棒の先から塩の塊がぽたっと落ちて、それが陸地となった。それが「オノゴロ島」つまり淡路島だった（日本神話では世界最初の陸地が淡路島なのだ）。そこに天からイザナギノミコトという男神と、イザナミノミコトという女神がそれぞれ降り立ち、二神はそこで結婚した。「私の凸の部分とあなたの凹の部分とをすり合わせよう」と言ってたくさんセックスし、島々を生み出していく。本州、四国、壱岐、対馬と、日本列島を形成する島々を生み出した（総数六八五二個ある）。その島々は大八洲《おおやしま》と呼ばれた。洲とは島のことで八は末広がりの無限性、多元性を意味する。

この神話の元となった伝承を作ったのは、おそらく一万年から一万五千年前の旧石器～縄文時代の海洋民である。

日本は島国だが、島とは常に、潮流と切っても切れない深い仲にある。ちょうど庭木の水やりの時にホースの口を絞って水の勢いを上げるように、島と島の間隔の狭い場所では、絞りこまれた潮流が速く走る。そしておびただしい数の島々が散りばめられた列島の中でも、最も潮の流れと勢いの強い場所が、淡路島周辺海域である。

つまり、島国としての特徴を最もはっきり示す「親玉」的存在なのだ。棒でかき混ぜた潮流とそこからできた淡路島、それが世界の最初であるとする捉え方。それはとりも直さず日本とは島世界「ヤポネシア」だと、最初に表明する物語なのである。

レッスンの中で、この冒頭部分には二つ、現実に即した面白い点があると気づいた。

まず、一万五千年以上前の最終氷期には、瀬戸内地方一帯は海ではなく陸地だった。その後、地球が温暖化し、海水面が上がるとともに、堰を切ったように瀬戸内に海水がドーッと浸入した。縄文時代に入るとさらに今の水位と同じくらいになった。氷河期に平地だった部分が海に、山の頂上だった部分が島々となった。そのような出来事は、潮の流れによって島が生み出されたという神話と、呼応している。この伝承が一万年から一万五千年前の旧石器～縄文の海洋民によるものだ、というぼくの意見は、その事実から来ている。

そしてもう一つが、セックスの話だ。もともと日本列島とは人種のるつぼ的な場所で、北方系、南方系、海洋系、大陸系など合わせて、少なく見積もっても七種類以上の民族が混淆している。その末裔がぼくら日本人なのだ。今は混ざり合っているが、太古には、別人種同士が面突き合わせる時代もあった。時にはお互い助け合い、また時にはいがみ合うこともあっただろう。だが争いは不毛な死に繋がる。一方、お互いが対話し、共存することによって、新しい技術や有益なものが次々生まれ、末広がりの発展に繋がる。

よくよく考えると一番身近な異文化とは「男と女」である。

イザナギとイザナミとは異文化の象徴で、そこでのセックスとは異文化間の交流や混交を象徴している。高い視点で見ると、神話におけるセックスとは、ただ助平な意味ではなく、外交や融合の暗喩でもある。また多様な島々とは、文化の多様性を意味する。それが大八洲と掛け合わされているのだ。つまり異文化同士の衝突ではなく共存や融合を果たすことによって、日本は末広がりで多元的に発展するという、二重の意味が込められた冒頭部分なのだ。

実際に漕いでみてそう確信したのだった。

まさしく「クレオール思想」である。一方が他方を一色に塗りつぶす支配・被支配の関係ではなく、色と色とが対等に並び立ち新たな絵画を描いてゆく、平等の関係性を志向する神話だ。神仏習合に代表される日本文化の本質でもある。インド音楽のラーガやカリブのクレオール哲学とも通じ合う。それを知ったとき、また深い喜びに満たされるのだった。なぜなら地球の裏側ではなく、ぼくの住む場所から目と鼻の先のホームグラウンドに、こんな深い最古層の源泉があるのだから。

潮通しの良い場所はどこでもたいてい、風景に神々しさをまとっている。淀むことなく次々と生成変化するフレッシュな潮を尻に感じながらの、そんな発見。

一万年くらい口頭で継承され続けたこの物語は、紀元八世紀に大和朝廷の権力支配を正当化する物語として換骨奪胎されたが、もともとは海人が、島と潮を毎日徹底的に見つめ続けたところから生まれたストーリーなのだった。

その本質には「共生」への意図が、時空を超えて脈打っている。

最古層の自然観を少しでも垣間見たいと願うところからのレッスン。

ここで分かったのは、一見理解しがたい神話も、現場で風や潮を体感してみると、案外シンプルにできていることだった。

深く感じ、シンプルに考え、腹に落ちる本質を掴まえろ、そんな教訓を得た。

プラネット感覚

アンダマン諸島東海岸のサンライズは、ただそれを見に行くためだけでも人生を生きる価値があると言えるほど、素晴らしいものだった。水の惑星の中の、豆粒のような島々から見る朝日や夕陽の質感は、他所とは違うように映る。惑星同士が響き合い、何か秘密のメッセージを交換し合っているようにすら感じる。あるいは水の惑星という宇宙船が、孤独に旅する中で出会ったかけがえのない友人、または美しい恋人。

ぼくは毎日必ず日の出前に出艇し、海上で朝日を迎えた。

そうして一日中漕ぎ回り、釣りをし、素潜りして夕方戻りシャワーを浴びたあと、バンガローに併設されたレストランで飲む冷えたビールが至福だった。食事は特にうまくもまずくもないインド料理だったが、上げ膳据え膳で申し分なかった。これで一泊食費込みで一〇〇〇円ほどと、驚くほど安い。もっとも、南京虫には閉口したが。

宿泊客はイスラエル人がほとんどだった。三年の徴兵後に一年の休暇をもらえる彼らの中には、物価の安いインドや東南アジアを長旅する者も多い。彼らはこんな穴場の島をよく知っているのだ。市場にはイスラエル料理店すらあった。

夜、同宿の二〇人くらいの彼らと一緒にギターを弾き、曲を教え合ったりして過ごした。やたらとマリファナやLSDを勧めてきたが、「ぼくはカヤックを履いただけで地球の裏側までトリップできる奴だから別にいいよ」と断った。こちらはもっと深いところに潜っている最中だから当然だった。ハッパはともかく、アシッドもマジックマッシュルームもスピードもエクスタシーも、本物の自然体験やシラフでの「共感覚的詩情」より浅いと思うし、何より完全にぶっ飛んでしまっては洞察力が作動しない。どんなにアヴァンギャルドな感覚世界に没入しても、醒めた心は必要、実は最後の最後にキラッと残る理性による洞察力ってやつが一番凄い感覚だ、それこそが全体像を俯瞰するイーグル（鷲）の目線だ、そのようなことを言うと「お前は何者だ？」と言われた。

己は何者か、か。いい質問だ。ぼくはまさに鳥の目線を併せ持つ、海洋生物だった。

そのように陸上ではのんびりと弛緩し、海に出たら徹底的に五感を研ぎ澄ますという日々を送った。朝、カヤックを履いて一体化する。水上を進みゆき、時間が経つにつれ、やがて島々やマングローブや小魚や鳥たちともひと続きに繋がっているような境地に陥った。カヤック旅が深まってきたときに実感するいつもの「自然との一体感」というやつだが、それはH_2Oという分子構造がなせるワザでもあった。

考えると、水ほど不思議な物質はない。

水素原子が二個くっつく「水素結合」が水という物質の原理だが、それにより、世界中の海が一つに繋がった伝導体となる。また水素結合が生む「表面張力」と「粘性」という二つの特性は、風によって波、うねりというエネルギーを作り出す。時として数千キロ離れた台風からのうねりも伝導体を通して今ここに届けられ、この身を揺らす。そしてぼく自身も、H_2Oと調和することによって波うねりと同化し、しばし自他の境界線がなくなるひとときが訪れるのだった。ぼくはこいつを「プラネット感覚」と呼ぶ。

脳科学の世界では、脳は常に物の位置関係を無意識に「マッピング」把握していると言う。そして自分の身体に加えて周囲二メートルくらい先までを自己と捉えるようだ。それを「ペリパーソナル・スペース」と呼ぶ。だが脳はちょっとしたことですぐ騙されてしまう、馬鹿正直な器官でもある。道具を使うことによって、そしてその使い方が熟練すればするほど、道具すらも自分の身体の一部だと認識する。たとえば車を運転していてサイドミラーがぶつかりそうになったら思わず身をよじるのがそれだ。またプロ野球選手にとってのバットや、ギタリストにとってのギターも、同化した身体そのものだ。

そしてぼくにとってのカヤック。そいつと同化し、さらに水と同化し、自他の境界線を失うことによって、たとえば二キロくらい先の岬までもが自分の身体の延長、つまりペリパーソナル・スペースのように思えるのだった。変に聞こえるだろうが過去に何万キロも漕ぎ、ガイドとしても毎日海に出ている身として、むしろそうならないほうがおかしい。

時折襲われる、地球そのものと同化するような瞬間。

それがいわゆる一つの「プラネット感覚」。

波一つないとろりとした海面下にサンゴ群落が果てしなく展開される、島と島の間のマングローブ樹林帯。立ち上がるプラネット感覚。だがそこでは、いつもに増して、かなり不可思議な心理状態に陥った。調和の向こうに、何か異様な、異物感を覚えるのだった。ぼくはバンガローの従業員連中にさんざ言われたことを思い出す。マングローブ汽水域の迷路に入ってしまうと、巨大ワニがいて危ないので気をつけろと。数週間前にも海水浴エリアを外れて遊泳中だったアメリカ人女性が、巨大なイリエワニに襲われて死亡した事故があったらしい。その話を思い出した。ここはそれより遙かにワニ密度の高いであろう場所だ。時折異様な静けさの中で妙な気配がして、しばしゾッとした。

意識すればするほどワニの気配がした。

間違いない、ここには五～六メートルクラスのワニが生息している。

ゾワゾワする濃厚なワニの気配。周囲の風景や生態系に溶け込み、一体化する中での、異様な異物感。それは一生物として究極の畏怖感かも知れない。

ワニとは水中と水面、両方を見ることができる動物だ。そして音もなく忍び寄り、次の瞬間、猛烈な力で襲ってくる。それを思った途端、スイッチが入る。

常に途切れることなく連続する緊張感、背筋に冷や汗が伝う。

「うわ、これは怖いな」と、ひとりつぶやいた。

これとよく似た感覚を思い出そうとするとき、まずサメのことが頭に浮かぶ。だがサメにはこの背筋の底からくるゾワゾワ感はない。サメにはこれほどの不気味さを感じることはないのだ。なぜならサメは意外と常識が通じる相手だからだ。

奴らは案外臆病なところがあり、カヤックに対してかなり警戒心を持っている。個体差があるので一〇〇%とは言えないが、普通に漕いでいる限り、九九・九%襲われることはない。奴らの警戒心は生存本能と表裏一体をなす。それは、いつも食っているものしか襲わないということを意味する。なぜなら、もし未知の相手に襲いかかり、そいつが仮に自分より強い相手だったら、返り討ちにあってしまう恐れがあるからだ。そうなると自分の命が危ない。だからよほど食べるものがないとき以外、死の可能性あるギャンブルは打たない。まして、奴らはカヤックと一体のこちらを四〜五メートルの巨大生物だと思っている。よって不必要に怖がることはない。

サーファーがサメに襲われる事故をよく耳にするが、それはウェットスーツを着用した時の手足が、いつも食っているアザラシやオットセイなどの質感によく似ているからだ。つまり誤食である。それより危ないのは血を流すことだ。それはサメが「弱っている生物」つまり勝てる相手だと判断するからだ。サメの鼻先には「ロレンチーニ」というゼリー状の伝導性物質でできた器官があって、そこで地磁気を感知すると同時に、弱った生物が放つ微弱信号を脳の松果体まで届ける機能を持つ。そして「アタック」するか否かの決断をくだす。逆に言えば、溺れたり血を流したりしない限り、無意味に襲ってくることはない。映画「ジョーズ」の世界は、映画を面白く成立させるための、嘘である。

サメは意外にも常識の通じる相手なのだ。

だがワニにその常識は通用しない。つまり、言い方は悪いがアホすぎるのである。

奴らは何も考えず、貪るように何でも食う。カバやサイ、キリン、ライオンなどの大型動物、またワニ同士でも襲い合う。食べられないものでものべつ幕無しに胃に収めようとする。たとえば大きな石までも食らう。それは水の中でバランスを取るための良いオモリになるらしい。とにもかくにも何かを口にしなければ気が済まない連中だ。

加えて、驚異的な身体能力を有している。

ワニの目は「瞬膜」というゼリー体によって覆われている。それを利用して水中と水上の両方を見ることができる。また鼻先を水面から出さずとも呼吸できる構造になっている。音もなく忍び寄ってきて、気づいたときにはすでに遅し、襲われる瞬間となっているのだ。

噛む力は数トン、地球上でもっとも強い力を持つ。

水辺最凶の、理不尽な暴力的存在。目に見えぬ、だけどどこかに潜んでいるであろうワニの気配が、尻の下の異様な畏怖感を現出させた。

ぼくは自分の尻をエサにワニ釣りをしているのかも知れない。


尻の下の強烈な生物を思うとき、ぼくはいつも本州最南端・和歌山潮岬の海のことを思い出す。

それはまだシーカヤックの初心者だった頃のこと。ある春の日、潮岬半島を一周しようと出艇した。アマゾン川の五〇〇倍の流量を誇るという、世界最大級の海流「黒潮」がダイレクトに打ち寄せる岬だ。数キロ沖合の水深一〇〇〇メートル級の深海が、岬手前で急に浅くなる。それによって波やうねりと海流とが絡みつき、複雑に押し合いへし合いする荒海である。神話上では、その海底にオオクニヌシノミコトと一緒に国作りをしたスクナヒコナノミコトが帰っていった「常世」があるという「熊野の御崎」だ。ぼくはその先端付近まで漕いで来た。

神話上での常世とは竜宮城のような異世界である。

数十メートル先の海面では潮がぶつかり三角波となっていて、そのザワザワ音が耳の奥で回転するように鳴り響いた。生々しすぎて逆に現実味がなかった。ただ、怖いと思った。恐怖というより畏怖の感情だ。物理的な怖さに加えて精神的な怖さがあった。

ここには何かが存在している。ここにはヌシのような何者かが棲んでいる。

強い海の気を尻の下のうごめきから感じながら、そんなリアルな錯覚に陥った。

ザワザワ音のボリュームがどんどん上がる。追い潮に乗り、みるみるうちに最難所が近づいてきた。潮岬最先端の潮目ゾーンだ。夢のように回転していた耳の奥の反響音が、はっきりと現実感を伴って目の前に提示される。浅い海底で攪拌された潮同士が互いにぶつかり合う激しい波音。その中に突入した。

パドルを操る手が縮こまるほどの怖さを噛みしめながら、一つ一つの波に対峙する。ふと見ると、潮岬灯台が白く義理堅く、一本立ちしていた。孤独の中で、そいつだけがぼくの味方のように思えた。だが、危うい瞬間を切り抜けたかと思いきや、また次の難問を提示される。なんという海だ。ここには絶対にヌシが棲んでいる。超越的なエネルギーを持った奴。

そう思っていると、目前の海面からいきなり、

「バフッ」

と激しい音を立て、何者かが現れた。反射的に「うわー」と叫ぶ。心臓が口から飛び出したかと思うほどのショックが全身に走る。

そいつは何者か？

それは甲長一・五メートルほどもあろうかという大きなアカウミガメだった。そいつが首を出して呼吸する音だった。吐く息が匂ってくるくらい生々しい音。奴は「なんだ人間か」という顔をしてこちらを一瞥し、再び海底へと消えていった。ぼくも「なんだウミガメか」と、ほっとしたが、逆にヌシのリアリティが増したのだった。

海底には本当に何者かが棲んでいる。ウミガメはその使いだったのかも知れない。肺呼吸する彼らは数分に一回、海面に出てきて息を吸う。ついでに、海面に変な海洋生物がいるからちょっと様子を見てこいや、と何者かに仰せつかったウミガメ。その「目に見える」野生としての存在が、そいつの生々しく獣くさい息遣いが、より一層「目に見えない」ヌシの輪郭を濃くしたのだった。

その時直観した。ヌシの正体、それはスピリチュアルでも超常現象でもなく、黒潮という、回転する地球の歌。ジェームズ・ラブロックの言う「ガイア」の脈拍。いつもは閉じているが、あるきっかけでほんの一瞬だけ開く、脳では捉えることのできない太平洋の質感。紀州の野生の象

徴ニホンオオカミは滅びたけれど、こちらの野生はまだ全く滅びていないと思わせられる神秘の気韻。あるいは地球と繋がった、ぼく自身の深い無意識の領域。

そんなことを思い出す。


結局、いつも生き物の存在が引き金となる。だが、ウミガメは人畜無害であり、またヌシはどんなにリアリティがあっても、あくまでも想像力が現出させる存在だ。しかしワニは違う。実在の、現前の、恐怖だ。

怖い、あんな奴らに食われるのは勘弁だ、という思い。目に見えないがゆえに、嫌な想像力も無限大に掻き立てられる。もし今、この瞬間、奴らが襲ってきたら跡形もなくぼくを食い尽くすだろう。ぼくの身体はもちろん、パドルやライフジャケットやカヤック本体をも呑み尽くすに違いない。そうなるとぼくはどこに行ったかすら誰も知らない、完全に入電のない世界へと消え去ってゆくことになる。今の時代においてそんな世界もあるのかと思うと、めまいがする。だが、そんな理不尽さとは裏腹に、怖いと思うことによって景色が生命的な深みを増し、神秘性をまとったように見えるのが不思議だった。風景が自分の一部と化したように思えることとは、裏を返せばぼく自身が完全に生態系の一員と化しているということでもある。人間と生物の間に、分け隔てる障壁は全く何もない。そんな状況で感じるリアル。ワニの気配によって、世界にまだ残る電波圏外の、野生の気韻めいたものが、感覚の底から訴えかけてくる。

それはヤバく、かつ、極めて美しくもあった。

ぼくが探しに来た「瞬間」とはこれかも知れない。次の瞬間、ワニの野郎が鋭い歯をぎらつかせて襲いかかってくるかも知れないという予兆を孕む、常に途切れることのない緊張感。少なくともこの畏怖感に包まれている間だけは、この諸島に生きる先住民たちの魂と繋がり、対話できているような気がした。

神話的に、心に響くのだ。

もっとも、かなり嫌なのだが。

自然への畏怖心を持つことの大切さを知らしめる存在

この諸島には過去、十九世紀から二十世紀初頭にかけて、優れた人類学者が調査に訪れていたことを知り、ぼくは驚かされた。中でも、イギリス人のラドクリフ＝ブラウンが一九〇六年から一九〇八年にかけて行った調査が有名だ。先住民は元来、来客を丁重に歓待する心優しい人たちだった。ゆえに騙され、滅亡の危機に陥っている反面、人類学者はそのおかげで成果を著書に記すことができたのだった。

ラドクリフ＝ブラウンの著書『The Andaman Islanders』（未邦訳）の中でも、先住民たちの神話に触れられていた。

島と島の間の水路では、異様な静けさと相まって、どこでも巨大ワニの気配がした。実際にマングローブ樹林の泥地で、二メートルほどのイリエワニを何頭か目撃した。ぼくが近づくと逃げていったのはきっと、カヤックを履いたぼくの方が大きかったからだろう。ぼくは毎日バンガローに帰って来て、ワニのゾワゾワ感を残したまま、ラドクリフ＝ブラウンやその他関連する神話の本を読んだ。リアルな感覚をもってすれば、何か手掛かりになるキーワードが釣れるかも知れないと思ったのだ。

『The Andaman Islanders』の「津波と火」についての一節が興味を引いた。そこにワニは出てこなかったが、ワニと津波は何かしら繋がっているのではないかと思った。スケールは違えど、両者とも自然の脅威の象徴であり、いつ均衡が破れて襲いかかってくるか分からない緊迫感を持っている。きっとそこに重要な繋がりがある。だが、「なぜこの話にワニが出てこないのだろう？」その一点がどうも解せないのだった。

ぼくはラドクリフ＝ブラウンの仕事の「抜け落ち」ではないかと思った。

その本の一節とは単純に、この群島では悠久の年月、津波に襲われ続けてきたことを知らされる話だった。そしてそのたびに、どのように生活様式や人々の心が変化してきたのかが、短い中に見て取れた。だがその「心」に一つの大事な要素が欠けていた。ぼくはそこに引っ掛かった。よく読むと五つの構成に分けることができる、こんな話だった（海洋政策研究所のホームページに掲載されている、人類学者・後藤明氏の解説も参照）。

㈠世界の始まりの時、プルガという神がいた。プルガはまず人間の男女を造り、二人は子供を産んだ。プルガは彼ら人間たちに狩りや、漁の方法や、言葉を教えた。そして火を与えた。

だが最初の父母が死ぬと子孫たちは神の教えを無視するようになったため、プルガは怒って大津波を起こした。

(二)一番高い丘を残しすべてが水に沈んでしまったが、二人の男と二人の女だけがカヌーに乗っていて助かった。水が引くと生物はすべて溺死していた。さすがにかわいそうだと思った神プルガは、生き残った彼らに動物や鳥を与えた。しかし津波の間に大切な火が消えてしまっていた。火がないと暖を取ることも、料理することもできない。彼らは困った困ったと嘆いた。すると、それを見た死者の魂がカワセミとなり、天上に飛んでいき、神の炉から火のついた枝をくわえ地上に運ぼうとした。

(三)だが、カワセミのくわえた火のついた枝が、神の体の上に落ちてしまった。神は気づいて怒り、それを取り投げつけたが、誰にも当たらなかった。生き残った四人の真ん中に落ち、人間たちは再び火を得ることができた。彼らは暖まり、心の余裕も生まれた。

(四)四人は暖まり余裕ができると、人類を滅ぼした神プルガに対する怒りを抑えきれず、神を殺そうと計画を立てた。しかしすべてをお見通しの神は言った。「人間たちよ、お前たちの矢では私を射ることができない。もしお前たちが私を亡き者にしようとしたら、今度こそ本当にお前たちの命を根こそぎに奪うであろう」。

(五)人間たちが神に従うと、神は怒りを和らげた。そして「お前たちは、親が従ってきた私の掟に背いたので津波は自業自得である。将来また過ちを繰り返すならそれ相当の罰を与えるであろう」と言い聞かせ去っていった。住民はそれ以来今日まで謙虚な畏れを持って神の意志を守り続けているのだった。

世界中どこにでも通じるシンプルな教訓を含む神話だ。

「人間は自然に太刀打ちなどできない。勝とうと思うなかれ。そして自然災害は忘れた頃にやって来る。常に謙虚に備えておけ。そうすると逆に、末長く生き延びることができるだろう」そんな戒めだ。

自然への畏怖心がテーマとなっている。

まず津波が登場する場面が世界の悲劇の始まりだが、最初の父母が死に、神の教えを無視するようになったとき起こったことに、意味がある。今も昔も、地震速報も津波警報も存在せず、口頭伝承というメディアしか持たない彼ら。先代からの教訓が切れてしまうことによって、津波に飲み込まれたということは、ぼくらが想像する以上に大きな意味を持つ。もちろん教えを守ったからと言って、この地の津波がなくなることはないが、被害は防げた。だが、口承の教訓を忘れてしまったことにより、人的被害をもたらす結果を招くのだった。

最初に謙虚さと伝承の意義を示した後も、五つの場面を通して、常にいつでも均衡が破れて災害が起こりうる緊張感を孕んでいる（神プルガはどうやら気が短い性らしく、いつも怒っていた。スサノオノミコトと阿弥陀如来を掛け合わせたような存在に感じた）。また自然界の「理不尽さと恵み」の両方も表現されている。津波とは理不尽の最たるものだが、津波後ふたたび動植物の生態系が回復し、住みやすい世界に戻ったという無慈悲の慈悲に、それが表れる。そこに火の存在が効果的に絡む。火は使い方によって、人間にとって有用な存在にも、危険な存在にもなる。物語の三番目で神プルガが火を投げつけ、もし人間に当たっていたら焼死するところだった。だが、うまくかわすことによって人間が暖と食事を取るための味方にできた。

面白いことに世界の多くの神話において火は、人間が作り出したと言うより、天から授かったとする由来を持つものが多い。そしてその媒介役を果たすのが、鳥だ。鳥は人間界と自然界、あるいは人間界と天界を繋ぐ象徴となる例が多い。

それがここではカワセミなのだった。

「鳥はもっとも人間に近い知的な生物である」という生物学的指摘がある。鳥の脳には「外套《がいとう》」と呼ばれる神経構造が存在する。それは霊長類でいえば新皮質など、高度な思考と認知能力を司る領域だ。また長期記憶と意志決定の基になる神経回路も、鳥と霊長類とでよく似ていると言う。

そして何より彼らは、空を飛べる生き物だ。つまり人間に近く、かつ天界にも一番近い存在なのだ。先住民たちは洞察によって、そんな鳥類の本質を見抜いていた。この諸島に多く生息し、最も目を引く存在であるカワセミが、人間のために火を取ってくる役割を担っていた。神の側から人間の側に渡される授かりものの、橋渡し役。

だが、ここで人間は傲慢になる。火の存在によって心の余裕がもたらされると、今度は「仲間たちを殺しやがって」と、自らを造り出した神を憎み、矢で射ようと企図する。すると神は「私をなめると今度こそお前たちを絶滅させるぞ」と本気で怒るのだった。

再び露わになる、物語に通底する、津波の予兆を孕んだ緊張感。

傲慢になり、教訓を忘れた頃に再びやって来る災害。
ここで、ワニに対する畏怖感ともシンプルに響き合うのだった。

津波とワニ、両者とも人間にとって都合の良くない自然の、最たる、理不尽な存在だ。この諸島で最も危険な生物はワニである。きっと、自然に対する畏怖の念を常に持っておけという「口頭伝承」の教えを、日常的に意識させる存在がワニだったのだ。あるいは目に見えない尻の下のワニへの想像力が、地底深く潜む目に見えない地震や津波への想像力と重なった。もちろんワニと地震・津波とは全くスケールは違うが、命を奪う存在として、一個人の立場からは同等に怖い。次の瞬間襲ってくるかも知れないという可能性を常に孕んでいる。それが地震の場合、三秒後か三〇〇年後か分からないというだけだ。長い地球時間においては、三秒後も三〇〇年後も、同じ「次の瞬間」にほかならない。

だからワニの恐怖と重なる。

津波という非日常と、ワニという日常。両者に通底する畏怖感。

ぼくは奴らの気配を感じながら、ずっとそんなことを考えていた。

先住民たちは、周期的にやって来る津波のおかげで、自然への謙虚さを失わず、逆に七万年も生き延びることができたのかも知れない。

その中間的媒体となったのがワニであった。自然とは人間の能力を遥かに超えた存在であり、その気になれば人間の生命を奪うことなど、わけない、だから傲慢になるなと、日常から知らし

めるメディア。間違いなくここの先住民たちもそう考えていただろう。ぼくはそう直観した。そして思った、

「話の最後にワニが出てこないのはおかしい。だからラドクリフ＝ブラウンの本には何かが欠けている」

身体器官こそ、最もすぐれたマルチメディア

そのとき、怖いと同時に惹かれるものが、確かにあった。

マングローブが、島々が、木々が、とても美しいと思った。

ワニの気配によって立ち現れる、電波圏外の、野生の気韻。

底知れぬ未知の世界の広がりを思わせる静寂。

世界はまだまだ広く、自分が知っていると思い込んでいる領域など、実はほんの微々たる一部分にすぎない。そう思わせるほどの、見えない世界の果てしない奥行き。

あの、潮岬のヌシの存在にも似た、水面下の無限感覚。

自然を「怖い」と感じることと、「美しい」と感じることは、同根なのではないか？

人間の五感も身体器官もみな、元来、自然現象を感知するために設計されている。

自然の中で五感が鋭敏になるのは、危険を避けて命を守るためでもある。嵐の気配や気象急変

の予兆を五感が捉えると、生命の危機を覚え「怖い」という感情を発動させる。また嵐が過ぎ去ったあとには全く同じ五感を通じて、それが鋭敏であればあるほど、波のシワや、光る海面の色彩をより美しく、素晴らしく感じることができる。

両者は別物ではなく、表裏一体なのだ。思想と言うより生理学的に。

ぼくはワニの恐怖を感じながら、この地の先住民たちがスマトラ島沖大地震のときにどんな津波の兆候を察し、どんな叫び声を上げて逃げたのか考え続けていた。同時に、彼らはふだん、この世界をどれほど美しいと感じているのだろうと想像した。穏やかな夕凪、頬を撫でる潮風、朝日が染め上げる海面、子供たちが笑顔で遊び回る平和な光景、かけがえのないその瞬間々々を、どれほど素晴らしいものと捉えているのかと想像した。

そしてぼくたち日本人。同じく津波や大地震、あるいは台風や集中豪雨や火山の噴火など、絶え間なく訪れる圧倒的な自然の脅威と共存して生きてきた民族だ。その中で自然の美しさを愛でる文化が育まれてきたことには、きっと大きな意味があるのだろう（それら荒ぶる自然の性質を総合的に神格化したのがスサノオノミコト）。

だけど自然との関係性が断ち切れた今の日本社会。

本来人間は自然と共に生きている、自然によって生かされている。

その回路を失えば何かが狂う。

自分で何もせずとも機械が全てやってくれる都市生活。そこでは便利さが全ての不快を取り払ってくれる。逆に機械に頼り、便利さにすがらざるを得なくなる。常に入電し、スマホやSNSによって極めてプライベートな脳内の部位にまでお節介な配線が施され、そこに徹底した消費心理学に裏打ちされたビッグデータ情報が流し込まれる。消費を煽られ、廃棄し、また消費し、廃棄するというサイクルに組み込まれる。狭い世界だ。本当はもっと別の広い世界がある。だが自然に対する畏怖を感じることと表裏一体の五感が飼い馴らされることによって、それが分からなくなる。だから時に生きている実感を失い、心を病み、閉塞感を覚え、限界を感じてニヒリズムに陥る。簡単に自殺する。

人間も動物である。そのことを見失うと、きっと狂う。あるいは不安や恐怖心を煽って人をコントロールしようとする現代社会のからくりに、いともたやすく騙されてしまう。

災害が起こってからではなく、ふだんからも自然の怖さとうまく付き合いながら、表裏一体の神秘性に、ときどきは触れる文化も必要なのではないか。五感を十全に機能させ、かしこみ敬いながら、隠された自然の本当の美しさを開くこと。

今一度その回路を繋ぐ、何か中間的媒体。かと言って、ワニのような奴らは勘弁だ。

もうちょっとソフトな、ワニに代わるもの。

カヤックやサーフィンやクライミングやフリーダイビングは、そのために存在する。

そして電波圏外。

万人に一つずつ無料配布された人間の身体器官こそ、最も優れたマルチメディアなのだから。

一週間ほど経ったある日、別の直観的瞬間が訪れた。

朝日が海とつがってだるま状になり、次にはさみでプツンと切られるようにして海と分かれ、一個の太陽が生まれる瞬間。

そのときカワセミが目の前を横切り、そしてたまたま太陽の方角へと飛んでいった。

その姿を見て「これだな」と直観した。

神話的象徴として太陽は火、カワセミは天界の使者を表わす。そして火たる太陽は母なる海から生まれ、ヘソの緒をハサミでちょん切られることによって、独立した存在となった。

火の起源にまつわる彼らの別の神話では、最初に火を手にしたのはイセエビだった。赤いハサミをもった海の化身だ。太陽のヘソの緒をちょん切ることによってハサミに火がついたのだ。そしてその火を盗んで人間に渡したのがカワセミだった。確かにこの地のカワセミは、赤いくちばしによって、飛び去ってゆくとき火のメッセンジャーのように見えなくもない。

大空は天界、太陽は火、イセエビは火の発見者であり太陽と海を繋ぐヘソの緒を切った助産婦、くちばしの赤いカワセミは天界と火のメッセンジャー、ワニは大地震や津波が象徴する海底界の目に見えない畏怖感を、それぞれ表わす。その畏怖感の根源は天界とも通ずる神プルガ……、「津波と火の神話」の抜けていたピースが徐々に揃ってくる。

自然界でそれぞれの存在が調和し、パズルの一ピースのように適材適所にはまり込む姿。ぼくもまた生態系の一員としてこの地に溶け込むことによって、垣間見ることができているのかも知れない。極めて分かりやすい神話的な自然現象として。

先住民の海人の魂と時空や言葉を超えて対話し、ラドクリフ＝ブラウンの仕事の抜け落ちを、二十一世紀のセンスをもった一〇〇年後のぼくが補填する。そしてこう言う、

「世界は美しい」

滞在中、バンガローのイスラエル人たちは終始、ぼくのフォールディングカヤックに強い興味を示した。はじめ、貸してくれと言われると嫌だなと思っていた。一見のんびりしに来ているようにしか彼らには見えないだろうが、その実、こちらは内的必然性を繋ぐ、真剣勝負での自然との対話に来たのだ。

だけどあのカワセミを見た瞬間、一気に肩の荷が下りた気がした。ワニに食われる前に一つの暗号を解読できたのだから。手に汗握る緊迫した一試合は終わったのだ。結局、二メートルほどのワニを数頭見ただけで、巨大ワニは出現しなかった。原初のように見えるここも、だいぶ野生力が失われているのかも知れない。太古の時代なら間違いなくぼくは食われてしまっていただろう。

「目の前の浜の少し沖に急な深場があるけど、さらにその向こうに足が立つくらい浅くなる場所がある。そこのサンゴ礁は手付かずで凄い」とイスラエル人たちに教えると案の定、「カヤックを貸してくれ」ということになった。

「いくらでも使ってくれ。海からくる朝日を見るのに使ってくれてもいいよ。だけどあの島と島の間だけはやめときな。五～六メートル級のイリエワニがうようよいるから」

環アンダマン海の先住民文化

アンダマン・ニコバル諸島は十八世紀にイギリス領となった。その後、インド独立を鼓舞する政治犯の島流し地となった。そして第二次大戦時には日本軍が占領した。大戦後インド独立とともにインド国籍となり、インド本土からの移住者が増えていった。

一方、先住民たちは次第に肩身が狭くなり、現在では滅びるのも時間の問題と目されるまでに至る。彼らが登場する最も古い資料は、おそらく『シンドバットの冒険』であろう。シンドバットとは海洋国オマーン出身の架空の船乗りだが、実際の船乗りたちのホラ話を寄せ集めてできたのが、その冒険物語だ。その中にこの諸島を指す記述があり、食人族の島として描かれている。またマルコ・ポーロの『東方見聞録』にも、犬頭の食人族の島としての記述がある。それらはおそらく偏見だろう。もちろんそのときも先住民は数万年前と変わらず平和に暮らしていた。その後イギリス領になる頃から迫害されるようになり、第二次大戦期には日本軍にも爆撃され、インド国籍になると居住区域も奪われていった。

現在はごく狭い一部区域での暮らしを余儀なくされている。

ぼくは州都ポートブレアに戻って、そんな彼らの資料や写真が展示されている人類学博物館を

オンゲ族女性のフェイス・ペインティング（人類学博物館）

訪れた。

室内の壁面にたくさんの写真が展示されていた。十九世紀の古い写真もあった。

写真を見てまず感じた印象は、先住民はとても洒落っ気のある人たちだということだった。フェイス・ペインティングを施すオンゲ族の女性たちと、豚の脂からとった赤い染料を使ったアクセサリーで身を飾るジャラワ族の男女は、特にオシャレだった。後者のセンスにはどこかジミ・ヘンドリクスのステージ衣装にも通ずるものがあった。アンダマン族は写真を見るだけでも音楽的なセンスと身体能力を感じた。そしてセンティネル族は最も硬派な印象を受けた。

いずれも「ネグリト」と呼ばれ、黒人以上に漆黒の肌を持つ彼ら四部族。人類が約十万年前に出アフリカの旅に出た最初期の民だが、遺伝学的にはモンゴロイドである。そして不思議なことに、彼らの持つ遺伝子には日本人と共通点がある。男子のみに受け継がれるY染色体のD系統にYAPという断片があるのだが、それを持つのは彼ら四部族と日本人とチベット人だけだと言う。

それは一〇万年前の出アフリカ後、人類が東へ東へと目指す際に、ヒマラヤの麓で北ルートと南ルートに袂を分かった名残りと考えることができる。北周りでさらに東へ進んだ集団は、その後南下して日本列島にやって来た。逆に南に下ってアンダマン・ニコバル諸島へと辿り着いた一派は、とどまったのだった。あるいは同諸島にやって来たうちの一部の人たちが、さらに東南アジアの海岸線を経由し、日本に入ったのかも知れない。

さまざまな想像を掻き立てられるが、いずれにせよ最も古いモンゴロイドである彼らの血とぼくら日本人とは、繋がりがあるのだ。ぼくらはそれだけ雑多な混血を重ねたラーガ（民族）であることが、淡路島の島生み神話上でも表現されている。また大地震や津波と共生してきたということも共通している。だからか、どこか親近感を覚える。

あとの二部族、ニコバル諸島に住むションペン族とニコバル族は、黒い「ネグリト」ではなく、見た目も今の東南アジア人と変わらない、マレー系の人たちだった。

彼らについても触れておきたい。

彼らはおそらく、数千年前に対岸のインドネシアやマレー半島、およびミャンマーあたりから海を渡ってやって来た人たちだろう。その海域は古来より海洋民の宝庫だった。その流れを汲む人たちだ。現在でも、タイからミャンマーにかけて「モーケン人」、インドネシアには「オラン・ラウト」や「バジャウ族」と呼ばれる海人たちが住んでいる。

中でもモーケン人は、「カバン」という家船に乗って漂泊する、海の民だった。現在はタイおよびミャンマー政府の定住化政策によって陸上生活を余儀なくされているが、それでも海辺に住み、漁業を生業としていることに変わりはない。先祖代々、海に暮らすうちに身体も海に適合し、ゴーグルなしでも海中がクリアに見えるよう、眼球の水晶体が特殊な変化を遂げている。また二〇〇四年、彼らの居住地域も津波に襲われたが、海の変化兆候にいち早く気づいて先に高台に上がり、ほとんど人的被害がなかったと言われる。海のリズムとどっぷりで生きてきたからこそ、研ぎ澄まされた五感で察知できたのだった。


ぼくはもっと「高い視点」から環アンダマン海全体を見たいと思い、後年タイやミャンマーの、彼らモーケン人の居住区にもカヤックで訪れた。ＬＣＣの普及で海旅がやりやすくなったので、行かない手はない。ミャンマーのメルギー諸島では「熱帯の瀬戸内海」と言いたくなるほど、潮流と海水の質感が似ていた。彼らは今でも十分、現役バリバリの海人だった。子供たちは四六時中海に潜り、海の中から彼らに出迎えられた。そのときぼくは新種の海洋生物に取り囲まれたように錯覚したものだった。

彼らは稀に見るほど穏やかで、優しい人々だった。

もともと、ミャンマー、タイ、マレーシア、インドネシアの沿岸海域を、季節に応じて自由に移動し、船上生活してきたモーケン人。海と一体化し、祖霊や仲間との絆を大切にし、魚やナマコを採集して暮らしてきた彼らほど慎ましい民も、稀少だろう。およそ財産らしい財産は持たなかった。なぜなら、持てば中国やミャンマーの海賊連中に襲撃されるからである。なぜ奪われるのか。それは善良すぎるからであった。

モーケン人ほど競争心や攻撃性といった感情が顔の表情に存在しない人たちもいないと思った。たとえ同族同士でも、資源の奪い合いを避けるために、散らばって暮らしている。優しすぎるがゆえに、密漁者に漁場を奪われ、得意の素潜り漁で奴隷のように酷使され、鉱山や農場で強制労働させられ、アヘン中毒にされ、レイプされたりした。

雄々しさ無縁のその慎ましさは「中国の王国から追放された王女の末裔」という創世神話に由縁がある。それも彼女が犬と性交して生まれた子の子孫という、一見なんとも情けない神話を持っているのだ。

それも実は、彼らの海をサヴァイブする知恵から来ている。奢ることなく、海に対して謙虚であれ、という世界観を表現しているのだ。

モーケン人のなんともショボい神話と、権力志向と対極に位置する彼らの習俗。それは偉大なる海に抱かれるだけで満ち足りるので、それ以外のものは重要ではないとする、価値観の表れだ。なんと潔いのだろう、海人の鏡のようだと思える。

人類史において雄々しく立派な神話的世界観とは、ある文明の段階では有益な役割を果たしたが、ナチズム以降、あるいは文明が爛熟し退廃を迎えた今では、逆に人類を滅ぼしかねない、制御不能の狂気にすら繋がりうる。現在の超大国の存在がそれだ。あるいは新自由主義経済や巨大グローバル企業の振る舞いがそれである。その超越的な雄々しさは悪い意味での「神話的世界観」と何ら変わるところがない。むしろぼくらは、アンダマン諸島の先住民やモーケン人らの側から学ばなければならないのかも知れない。なぜなら大量消費の対極をゆき、自然と一体化する生活によって、電波圏外の世界の広さと美しさを知りうるからである。

ぼくたちには小さな自然神話の叡智が必要なのだ。

現代社会をクレバーに生き抜くためにこそ、イノセンス（純真さ）も必要なのだ。

モーケン人は四〇〇〇年ほど前に中国南東部や台湾あたりを出た海洋民がルーツだが、当時のその海域とは、奇しくものちに太平洋のカヌー大航海民としてメラネシア、ミクロネシア、ポリネシアへと渡っていくラピタ人の故郷でもあり、また日本列島南部に住む隼人系あたりも出入りしていた場所でもある。つまり「カヌー文化」「ワカ文化」の故郷なのだ。彼らが拡散していった四〇〇〇年前という時代背景には「大陸の国家権力勃興の影」が存在する。きっと競争や戦いを逃れ、それぞれの立場で自由を求めて旅立ったモンゴロイド系海洋民の一派なのだろう。マレー半島からインドネシアにかけてのモーケン人、オラン・ラウト、バジャウ族。そしてニコバル諸島のションペン族とニコバル族。

みんな出自は、共通している。おそらく世界観も共通している。

太平洋からマダガスカルにかけて広がるカヌー文化とも繋がるジャンクション。

だがニコバル諸島の彼らは、入電のない世界の住人だった。
ニコバル諸島こそ、完全に入域禁止なのだ。
だけど、想像はできる。環アンダマン海の先住民文化の真髄は繋がっている。
イーグルの視点から見る、「太平洋性」とも繋がった「アンダマン海性」というやつ。
そしてそこにもモンスーンの風が吹いている。

人類学博物館では、数ある貴重な写真の中でも、特に二枚が目を引いた。
一枚はダンスする一九世紀のアンダマン族の写真。
もう一枚は笑顔で右手を差し出す、センティネル族の写真だった。

右足を上げて踊る四人のアンダマン族。静止画だが、逆に静止していることによって、音楽を感じた。身体の内側から放射される生命感が、色鮮やかに脈動していた。足の上げ方一つだけで、体幹から生み出される身体全体のうねりが、伝わってきたのだった。森羅万象への愛情から生まれた、島の動植物や自然現象や先祖たちに捧げるダンス。

だが、約一五〇年前に七〇〇〇人いた彼らもあと四〇人ほどしか残っていない。彼らのうち、「ボ語」という言葉を使う者は二〇一〇年の二人を最後に、永久に入電なしの世界へと消えてしまった。ラドクリフ＝ブラウンが最も頻繁に接したのも彼らだ。彼もきっと悲しんでいるだろう。先住民たちが消えてしまうと、この諸島に生息する多種多様な固有種（哺乳類三二種、鳥類一二〇種）に関する知識や伝承もまた、消え去ってしまうことになる。美しい見事な写真だけに、いっそうの悲しさを誘った。そしてぼくは、日本語を話す人間が一人残らずこの世から消え去る日のことを、想像した。

そしてもう一枚の写真とは、いつ撮影されたものかは分からないが、笑顔で右手を差し出すセンティネル族の写真だった。オヤッ？　と思った。

彼らは完全に外部を拒絶しているはずである。

例のイスラエル人たちに見せてもらった「ロンリープラネット」というバックパッカー御用達ガイドブックの記述によると、「数年ごとに接触を試みる一団がココナッツやバナナ、豚、赤いプラスティックのバケツを手土産に、センティネル族最後の砦である北センティネル島のビーチを訪ねるのだが、弓矢の嵐を浴びせられるばかりである」と書かれていた。確かにネットなどを探しても、彼らがヘリコプターに向かって怒りの表情で弓矢を向ける写真ばかりが出てくる。

きっと、何かがあったのだろう。

とてつもなく嫌なことをされたのだ。

元来は温和で友好的な人たちだったが、災難しかもたらさないよそ者をいつしか拒み、よりひっそり暮らすようになった。数少ない生き残りの彼らは、良心的な援助の申し出があっても拒む。そうして一貫して外界との接触を拒絶し続けた結果、彼らの言葉が理解できる外部者は存在せず、また彼らの誰一人として外部の言葉を話せなくなった。

世界で最も孤立した人たち。

そんな彼らの笑顔と怒りの表情を対比させると、胸が張り裂けそうになる。

今、七万年も存続してきた彼らに、最大の危機が訪れている。部外者から孤立する意志を明確にすることにより、かろうじて先祖たちの魂や、未来の子供たちや、何より自らの命を守ろうとする、必死の抵抗。

神プルガがよこした津波という罰よりはるかに危険な刺客から、精一杯みんなを守り抜こうとする彼らの心境とはいかなるものか？　その写真の、人のよさそうな笑顔を見れば見るほど、絶望の彫りの深さがいっそう、痛々しく際立つ。

もともと諸島一帯を自由に闊歩していたはずなのに、保護区という狭い檻のような区域に閉じ込められてしまった。だが彼らにとっては外部こそが檻の中として見えているのではないか。彼らの目には、神をも恐れぬ傲慢な連中が檻を破って、最後に残された神プルガの地を侵略しようとするように映るのかも知れない。

しかし、そんな彼らの消滅も、時間の問題と言われる。

世界の本当の深さと、美しさを、誰よりも知る人々。

「入電なし」のまま、消え去るのだろうか？

ぼくは悲しい気持ちになり、博物館を出た。

しばらく散歩し、海辺に出た。

やはり悲しさは消えずに残っていた。

大切なものを共有する友人を失うような気分がしていた。

昼からの海風がやや強めに吹き、うさぎが飛ぶような白波が立っていた。

ここにもまた、モンスーン風が吹いていた。いつものように呟く。


「ああ、この風か」


先住民たちが七万年前から「ビリク」と呼んでいた風だ。

彼らは冬季の北東モンスーンをそう呼び、夏季の南西モンスーンを「タライ」と呼んだ。前者が女、後者が男だった。両者ともプルガの化身だった。両者が交わって太陽と月が生まれた。ビリクが怒って投げつけたアコヤ貝から飛び出した真珠が雷となった。なんて美しい自然のイメージだろう。ここでもモンスーン風は人々の暮らしの中心だった。インドのリグ・ヴェーダよりも、インド洋の航海者たちよりも、はるか以前から。

ぼくは「ビリク」を感じながら今一度、この旅の出来事を振り返った。

ワニや、カワセミや、小魚や、月や太陽を思い出すのだった。


その後も、たびたび振り返った。

そして今でもときどき思い出す。

海に出てウミガメやイルカ、マンタやトビウオやサメ、オットセイやアザラシといった海洋生物たちに出会うたび鮮明に、先住民たちの小さな自然神話の世界観が思い出されるのだった。

当時のやるせない気分は消えていた。

ただそこには淡々と語りかけてくる、自然の教えの真髄だけが残っていた。

「静かに風を感じ、黙って波の音を聞くこと」

何も足さず、何も引かず、ありのままの自然を見、その声に耳を傾けること、ただそれだけのことだった。その瞬間こそ、全ての出発点であり、帰着点だと。どんなギアにでも入れることのできる、ニュートラルなのだと。そして、そこで出くわす生き物たちは、世界とのよりよい調和へと導く想像力の触媒だ。ウミガメは世界の広大さへの夢想を、プランクトンはちっぽけな個であればあるほど豊かであることについて、イーグルは事象を俯瞰し、広い視野を持って物事の流れを洞察すること。そしてぼくも末席ながら、人間のまま生態系の一員として、パズルのピースのようにそこに加わりたいと思う。またそこを起点に、創造性を発揮する。そのためにぼくは旅をし続ける。ぼくにとって冒険とは制覇でも征服でも世界初の偉業でもなく、この世界と、そして自分自身と、より深く、まだ見ぬ角度で調和するための行為だから。

【エピローグ】イーグルの目線を越えて

賢者イーグルの目線で見る、「環アンダマン海性」。
それは「環太平洋性」へと繋がってゆく。
さらに「環アンダマン海性」「環太平洋性」両者のユニットは、
「インド〜アラビア〜アフリカ」という、直観的必然性で繋がれた筋と結ばれる。
それら全てを包み込むのが、カヌー文化。
カヌー文化こそ、もっとも懐の深い、大きな器。
今あるもの、滅び去ったもの、滅びゆくもの、これから生まれるもの、
全てを受け入れることができる器だ。
ぼくはそこに、冒険で得たこと、
得られなかったこと、考えうる、あらゆるものを投げ込む。
そして最近は、イーグルの目線を、さらに超える必要がある気がしている。
大気圏を突き抜け、宇宙空間からこの青い惑星を見る視点。
有限であり、無限でもあるウォータープラネット「地球」の美しい姿を。
アンダマン・ニコバル諸島の先住民たちの生活は七万年続いた。
皮肉なことに我々の残したものも数万年続くこととなった。

完全に毒性が消えるまで一〇万年かかる「放射性物質」という代物によってだ。

それは同時に、ぼくらも数万年単位の視座を持つべき時代になったことを意味する。

それがイーグルの目線を超えるべき必然性だ。

そう考えるまでもなく、ときどき数万年後を想像する。

今のプルトニウムは数万年後も残る。

では、大量生産・大量消費・大量廃棄を基盤にした今の資本主義文明は？

数万年後になど、跡形もなく消え去っているだろう。

ではシーカヤックは？　カヌー文化は？

そしてアウトドア文化は？　世界古来の自然文化は？　これを考えたとき、いったん滅び去ったものも含めて「残っているだろう」と言いきれるのだった。

残るどころか、非常に高度に洗練された文化として繁栄しているだろう。

今のところまだ幼稚な段階に過ぎない「自然との共生」という思想も、さすがに数万年も経てば高度化し、世界中に浸透しているはずだからである。

もしそうでないならば、もう人類は地球上に生きてはゆけないからである。

人類が続く限り、あるいは海が干上がりでもしない限り、それだけは間違いない。

悠久の時間の中でのちっぽけな、だが未来に繋がっていく大切な点、そのあり方。

その気持ちを心身の軸点に置きながら、今を楽しもうと思うのだった。
オリジナルな創造性を発揮しようと思うのだった。
これまでも、そしてこれからも。
無(限)から有を生み出すように。
世界の隠された、本当の美しさを愛で。

海洋生物としてのカヤックを履く

――身心変容技法としてのカヤックの魅力――

鎌田東二
（上智大学グリーフケア研究所特任教授・京都大学名誉教授）

本書の魅力は身体感覚に基づいた身体言語の炸裂である。

曰く《カヤックに「乗る」のではなく、「履く」》。パンツを穿くように、靴を履くように、カヤックを「履く」。その下半身感覚が、なんともエロティックであり、生命感に溢れ、野生動物的である。

平田は言う。シーカヤックは一つの「海洋生物」である、と。とても魅惑的な視点だ。サイボーグではないが、人間と船具とのキメラ的合体生物。だが、キメラと言っても、怖ろしい怪物ではない。それはじつにスマートな変身変装術を伴うありうべきもう一つの身体である。カヤック操行は、「人間のまま海洋生物に変身し、生態系に溶け込む術」なのだ。

カヤックの装着と操行に魅せられた平田は、《身体感覚を総動員することによってこの「水の惑星」と深く対話し、進むべき道を導き出していく叡智》を探っていく。このとき、カヤックはかぎりなく音楽に近づく。それはもちろんつねに海の波音と共にあるものだが、もっと深く地球の歌を、この水の惑星の歌を呼び込んでくる。カヤックとは「自然の息吹、地球の鼓動」に触れるための、また同調するための楽器だから。だから平田は、「カヤックとは音楽的な乗り物、楽器のようなもの」だと高らかに宣言する。カヤック奏者は、海のうねりというグルーヴを聴く指揮者であり演奏家である。彼はタクトを振る。海に向かって。カヤックマンという「海洋生物」になったもう一人の自分に向かって。そして海の調べにシンクロしていく。究極のシンクロナイズドスイミング。新しいドルフィンマンの誕生でもある。

かつてニーチェは『ツァラトゥストラかく語りき』の中で「超人」思想を説いた。それは、ルサンチマンから解放された十九世紀末の人間の夢であったが、そのニーチェがカヤックと出会っていたらどうなったかと夢想する。そうすれば、十一年も押し黙ったまま沈黙と狂気の人とならずにすんだのではないか。海の声に耳傾け、ワーグナーの『トリスタンとイゾルデ』の「愛の死」の最終楽章の如く、空・海と合一して往くことができたのではないか。

本書を読みながら、そんなことを考えていた。ニーチェに具体的な身体技法があれば。身心変容技法があったなら、彼は深いところで変わることができたかもしれない。まちがいなく、カヤックはその一つの身心変容技法の装置であり、回路（海路）を開くわざとなったであろう。

そのわざを平田は研く。徹底的に。海と自己身体との照応の理法に従って。こうして、絶妙な野生の音楽家ができ上がっていく。カヤックマンはすべからく音楽家である。そして、「カバはその精神を身体に取り込む儀式」であった。彼らはグルーヴを頼りに、かそけき道を辿ってハーモニーを探り、海と空と風と人海生物が奏でる一大シンフォニーを聴く。タクトを振るのは、吾であり、海でもある。なぜなら、彼らは「海人」という「海洋生物」に変身しているから。「我（海）演奏す、ゆえに世界あり」だ。

　こうして、カヤックはじつにゴージャスな「地球の秘密の歌声」を聴き分ける。まことに贅沢であり、羨ましい時間である。そう思ったあなたはすぐにカヤックマンへの、海洋生物への変身の旅に出るべきだ。グルーヴ（海のうねり）に身を任せて。

　もちろん、野生には危険は付き物だが、しかし、その危険が身心を研ぎ澄ます鑢《ヤスリ》となるだろう。

　私事で恐縮だが、平田さんにとってのカヤック操行が私にとっては東山修験道である。二〇〇六年の秋、時間つぶしのために何気なしに入った東山山系に一遍に引き込まれ、その二ヶ月後にはそこに住み着き、「東山修験道」と称する東山歩きが始まった。中でも、比叡山のつつじヶ丘への往復歩行は五六〇回を超え、天台宗の荒行とされる千日回峰行者の心境の一端が少しわかるような気がしてきた。私が東山に引き込まれたきっかけは東山の森の中に太平洋を感じたことにあった。「森は海の恋人」と言われるが、まさに東山山系の森の中に広大なる太平洋に通じる気脈を確かに私は探り当てたのだった。

　この比叡山歩行が単なる登山ではなく、「歩行《ほぎょう》」であり、「登拝」であるのは、私が比叡山や東山連峰——北は比叡山から南は稲荷山まで三十六峰ある——を「神仏」のおわす御山として畏怖畏敬の心を持って接し、毎朝必ず比叡山に向かって石笛や横笛や法螺貝など民族楽器三十種類ほどを奏し、山中の「森の魚君・森の妖怪君・森のモアイ君・森のプラトン・森のサルタヒコ・森のお地蔵様」など、自分なりの拝所をいくつも持ち、各拝所で真言や般若心経を唱え、最後にはMy聖地のつつじヶ丘周辺で天地人三才に捧げるバク転三回を行なうからでもある。日演算山頂付近で行なうバク転三回は、六十八歳の私にとっては、大げさではなくいのちがけの捨身行でもある。

そんな一人修験道をこの十三年近く行じてきたので、その経験を通して、平田さんの世界をアナロジカルに理解することができる。四国の阿波徳島県南部の海辺の町近くに育った私は、平田さんと同じ紀伊水道と太平洋が自分の活動エリアだった。そこで私は台風の前や後などにあえて海や川に入り——海は台風の前、川は台風の後——、荒ぶる海川の凄味をこの身で感じとり、自分の身体をサーフボードにして台風前の危険なひと時、一人サーフィンをしていた。また、増水した濁流の川で泳ぎ、流されながら向こう岸に着くために、比較的流れが緩やかな川底を潜って向こう岸に渡ろうとし、途中で苦しくなって川面に顔を上げた途端、向こうからくねくねと泳いできた蛇を思いっきり開けた口の中に呑み込みそうになったこともある。その時私は臨機応変に体を反らし、バク転やバク宙をする要領で後ろにひっくり返った。水中で反転宙返りをする私の顔面すれすれに不気味な蛇腹を見せながら蛇が悠々と泳ぎ渡っていったときには、ほんとうに肝を冷やしたものである。そんな危ないことにしょっちゅう遭遇した。そんな経験を通して、自然に対する私の畏怖畏敬の念はいっそう深まり強固なものとなり、今日に至っている。そして、年とともに徐々にそれは強まっているような気がする。

平田は述べている。「進化の起点は天才的な即興のひらめき」だと。最初から計画されていることを予定調和的になぞるのではない。突然変異的な、しかし最適解とはいえなくても、適応解の「即興」を奏でることができる。私は臨機応変を生きる上でのモットーとも命題ともしているが、そうした即興的臨機応変力をカヤックは鍛え上げてくれるだろう。しかし、何事もそうであるが、臨機応変が可能になるためには、地道な基礎鍛錬が必要である。それを疎かにして臨機応変は現成しない。

海に出ると、人はおのずと詩人になる。海の奏でる「詩情（ポエジー）」に浸される。そこから平田は、インド音楽のラーガとターラに参入していく。「カヤックという楽器を使うぼくは、海のラーガに沿って演奏する音楽家」であると感じとる。そして、「シーカヤックはラーガと似ている」と直覚する。「音楽とは、生命の脈動」だから。それゆえ、グルーヴも生まれる。グルーヴを通して、「海と一体化する」。シンクロする。シンクロナイズドスイミングする。

私は「神道ソングライター」とか「フリーランス神主」とかと名乗って、歌を歌ったり、頼まれれば地鎮祭とかをすることもあるが、それはひたすら《身体感覚を総動員することによってこの「水の惑星」と深く対話し、進むべき道を導き出していく叡智》に近づきたい、そしてそれを親しい友人たちと共有したいと思ってのことである。

平田のカヤックの旅は、日本の和歌山から太平洋を越えて、インドやアフリカに至る。そして、その旅を通して、「自分自身と森羅万象とが、アーティスティックな感性と技法を通じて、分かち難く繋がっている」感覚を縦横無尽に味わい、その「世界観の表出」としての音楽やパフォーマンスに参入していく。

本書を通して、私たちはその平田のカヤックラーガやカヤックビートをつぶさに訊くことができる。そして、「地球と一つとなるプラネット感覚」を感受し、シンクロすることができる。本書を読み進めながら、私は何度もグルーヴの黒潮に乗り込み、リーピチープ（『ナルニア国物語第三巻　朝ぼらけ丸東の海へ』の登場人物の鼠船長）のようにこの惑星の果てまで旅していくようなおののきを抑えることができなかった。

写真撮影：平田　毅

〈著者紹介〉

平田　毅（ひらた　つよし）

一九七〇年兵庫県明石市生まれ、和歌山県湯浅町在住。アウトドアサービス「アイランドストリーム」代表。自然文化空間「The 7th Sense Café」代表。

野生の感性と知性を探求する、全く新しいタイプのシーカヤック海洋冒険者、日本一周単独航海達成。ほか20カ国に及ぶカヤックトリップを経験。音楽ＤＪ。スライドショー&トークライブ活動も頻繁に行う。

旅や冒険の実体験を基にした「自然の教え」をテーマに、執筆活動を本格始動。

現在、黒潮文化圏の「独創性」に焦点をあてた新作「黒潮ストリートの知恵」執筆中。

なお、アイランドストリームのウェブサイトは
http://www.island-stream.com/

インスピレーションは波間から
自然の教えを知る、シーカヤック地球紀行

二〇一九年一一月五日　初版第一刷発行

著　者　平田　毅
発行者　梶原　正弘
発行所　株式会社めるくまーる
東京都千代田区神田神保町一－一一
電話　〇三－三五一八－二〇〇三
URL https://www.merkmal.biz/

印刷・製本　ベクトル印刷株式会社

ISBN978-4-8397-0176-5 Printed in Japan
